디지털 시대의 사전

고려대학교 민족문화연구원 사전과 언어학 총서 · 07

디지털 시대의 사전

김선철 · 도원영 · 배연경
장경식 · 장선우 · 노석은 · 조지연 지음

한국문화사

▌머리말 ▌

　이 책은 원고 상태로 묵혀 있다가 실로 4년 만에 빛을 보게 되었다. 원고는 모두 지난 2015년 본원 사전학센터의 학술 대회에서 발표된 논문들이다. 당시 주제가 '디지털 환경과 사전의 변화'로, 20세기 후반부터 급격하게 진행된 사전의 변화를 확인하고 미래를 조망해 보자는 의도에서 연구를 시작하였다. 우리가 판단한 사전의 변화는 비단 그 내용과 형식뿐만 아니라 편찬 방식, 편찬 주체, 이용자, 매체, 제작 환경까지 광범위하게 이루어졌다. 그로 인해 사전 생태계가 십수 년 사이에 요동쳤다고 평가할 정도의 상황이었다. 이런 가운데에서 사전을 편찬하고 연구하는 우리가 이런 상황을 어떻게 겪어내고 있는지, 나아가 어떤 미래를 준비해야 하는지에 대해 고민해 보고 싶었던 것이다.

　당시 국립국어원에서는 국민이 참여하여 만들어 가는 '개방형 지식 대사전'을 마무리하는 단계여서 디지털 시대의 국어사전을 언어정책적 관점에서 접근하는 논의가 꼭 필요하였다. 그리고 사전학, 사전 편찬 방법론, 사전 활용의 측면 등에서 이미 앞서 나아가고 있는 영어사전의 현황을 통해 디지털 사전의 변화 양상을 짚어보는 것은 우리나라 사전 편찬의 미래를 조망하는 데 꼭 필요한 주제였다. 한편, 집단지식으로 대표되는 위키백과와 포털을 통해 제공되는 조합형 용어사전의 막강한 힘에 맞서 정통 백과사전의 현재적 의미가 무엇인지 앞으로 백과사전은 어떤 포지션을 취해야 하는지도 고민해 보아야 했다. 아울러 디지털 사전의 총아인 멀티미디어 정보가 사전에 어떻게 반영되어 있는지 그 역사와 새로운 변화를 확인하는 일 역시 중요했다. 이 모든 부문의 상황을 고려하여 변화의 양상을 정리한 다음 새로운 사전이 왜 필요한지, 그것을 가능하게 하려면 어떤 준비가 필요한지에 대해 다루는 것으로 주제를 갈무리하고자 하였다.

이런 의도로 1장에서는 국립국어원의 '우리말샘'에 대해 다루었고 2장에서는 해외 디지털 사전의 발전 배경과 변화 양상을 살폈다. 3장에서는 웹에서 서비스 중인 백과사전 정보에 대해 '지식'의 차원에서 접근하여 그 효용에 관해 심도 있게 논의하였다. 4장에서는 사전의 시청각 정보가 종이사전과 전자사전에서 어떤 차이를 보이는지를 다양한 사례를 통해 설명하였다. 5장에서는 사전 환경의 다양한 변화를 살핀 다음 새로운 필요성을 강조하고 가능성을 모색하였다.

출간을 위한 준비 과정에서 몇 가지 부침을 겪어 제때 책을 내놓지 못했다. 여러 선생님께서 지지해 주시고 응원해 주신 덕분에 드디어 '사전과 언어학 총서' 7권으로 꾸리게 되었다. 이 주제에 관심을 기울여 주신 모든 분께 우선 깊은 감사와 존경의 마음을 전한다. 그리고 책이 출간되도록 지원해 주신 김형찬 원장님께 감사드린다. 아울러 사전학센터의 모든 사업과 연구에 대해 조언과 격려를 아끼지 않으시는 최호철 선생님께 깊이 감사드린다. 출간을 위해 기다려 주시고 좋은 책으로 편집해 주신 한국문화사의 조정흠 선생님과 유인경 선생님께도 감사의 마음을 전한다.

2019년 7월 저자를 대표하여 도원영 씀.

▮ 차례 ▮

■ 머리말__v

1장 • 인터넷 시대의 사전 편찬과 서비스 - 국립국어원 '우리말샘'을 대상으로 -

1. 머리말 ··· 1
2. '우리말샘'과 그 편찬 방법 ·· 2
   2.1. '우리말샘' 개요 ··· 2
   2.2. '우리말샘'의 편찬 방법 ·· 8
3. '우리말샘'의 구축 현황 ··· 11
   3.1. 시스템 ··· 13
   3.2. 콘텐츠 ··· 32
4. 맺음말 ··· 36

2장 • 해외 디지털 사전의 현재와 미래

1. 디지털 사전의 발전 배경 ·· 40
2. 디지털 사전의 변화 양상 ·· 43
   2.1. 정보 수집 및 기술의 자동화 ··· 45
   2.2. 사전 편찬의 대중화 ··· 50
   2.3. 사전의 구조적 해체와 정보의 융합 ··· 55
   2.4. 사용자 맞춤형 콘텐츠 ··· 60
   2.5. 다언어 사전 개발 활성화 ··· 65
3. 맺음말 ··· 67

3장 · 웹 사전 서비스 현황과 과제 - 백과사전형 지식 서비스를 중심으로 -

1. 머리말 ··· 71
2. '지식' 개념의 이동 ··· 76
   2.1. 백과사전과 지식 ··· 76
   2.2. 이 시대의 지식 ··· 78
   2.3. 유의미한 지식 ··· 80
   2.4. 지식의 개념에 대한 새로운 관심 ···················· 83
3. 사용자의 효용과 웹 백과사전의 가능한 모형 ··········· 86
   3.1. 모바일 시대 사용자의 효용 ··························· 86
   3.2. 웹 백과사전형 서비스의 가능한 모형 ··············· 89
4. 현재의 웹 백과사전형 지식 서비스 ························ 92
5. 맺음말 ·· 100

4장 · 사전의 시청각 정보

1. 머리말 ·· 103
2. 사전에서의 시각 정보 ··· 105
   2.1. 시각 정보의 유형과 기능 ······························ 105
3. 사전에서의 청각 정보 ··· 117
   3.1. 종이사전 ·· 117
   3.2. 전자사전 ·· 119
4. 사전의 동영상 정보 ·· 133
5. 맺음말 ·· 135

5장 • 새로운 사전의 필요성과 가능성

1. 머리말 ·· 141
2. 사전 환경의 변화 ··· 143
   2.1. 사전의 성격 ··· 143
   2.2. 사전 환경의 변화 ·· 144
3. 새로운 사전의 필요성과 가능성 ··· 150
   3.1. 개신해야 하는 사전 ·· 151
   3.2. 아직도 없는 사전 ··· 152
   3.3. 기존 자원을 활용한 사전 ·· 153
   3.4. 기록을 위한 사전 ··· 155
   3.5. 소외된 이를 위한 사전 ··· 156
   3.6. 융복합형 사전 ··· 159
4. 맺음말 - 사전 편찬 생태계 복원을 위한 선결 조건 ·············· 162

■ 찾아보기__168

1장

인터넷 시대의 사전 편찬과 서비스

- 국립국어원 '우리말샘'을 대상으로 -

김선철(국립국어원)

1. 머리말

조남호(2015)에 따르면 지금까지 우리나라의 사전 편찬사는 다음과 같이 크게 세 시기로 구분된다고 한다. 첫째, 1945년부터 1957년에 이르는 사전 편찬 기반 강화 시기이다. 이때는 수요 때문에 소사전이 다수 발간되었고 한글학회의 '큰사전'이 완간된 기간이다. 둘째, 사전 편찬 활성화 시기이다. 백과사전적 사전들이 경쟁하던 시기로서, 1958년부터 1992년까지로 본다. 셋째, 1986년부터 지금까지의 사전 편찬 방법 혁신 시기이다. 이때는 말뭉치와 컴퓨터를 활용한 새로운 사전 편찬 방법론이 탄생하였고 사전(편찬)학이 활발하게 논의되었으며, 무료 인터넷 사전으로 인하여 인쇄 사전 시장이 축소되었다.

이에 더하여 현재 국립국어원이 만들어 개통한 '우리말샘'은 또 하나의 전기(轉機)를 만들고 있는지도 모른다. 이것이 이전까지는 존재하지 않았던 방식으로 편찬되고 운영되는 사전이기 때문이다. 현대의 전산기술을 십분 활용하여 만들고 있는 '우리말샘'의 핵심 개념은 몇 차례 학술 발표나 언론 기사를 통해서 사회에 소개된 적이 있는데, 그 모습을 보다 상세하게 이 지면을 통해 소개하려 한다. 제목에 암시된 바와 같이 특히 미시 구조의 내용과 기능 차원에 집중해서 언급할 것이며, 필요에 따라 다른 부가적인 내용도 포함될 것이다.

2. '우리말샘'과 그 편찬 방법

2.1. '우리말샘' 개요

'우리말샘'(http://opendict.korean.go.kr)은 국립국어원이 2010년에 시작하여 2016년까지 '개방형 한국어 지식 대사전 구축'이라는 사업명[1]으로 구축한 국민 참여형 대규모 인터넷 사전의 이름이다[2]. 이 사전은 크게 두 가지 의의를 보이는데, 그 하나는 표준어 중심의 '표준국어대사전'(이하 <표준>)에 비하여 신어, 전문 용어, 지역어(방언) 등 실생활에서 쓰이고 있는 많은 어휘를 대폭 등재함으로써 기록을 위한 기술 사전으로서 등재하는 말의 범위를 크게 확대한다는 것이며, 또 다른 하나는 소수의 사전 편찬자만이 아니라 위키백과 사전처럼 일반인도 편집에 참여할 수 있게 하여 사전의 편집 참여 범위를 넓힌다는 것이다[3][4]. 그러나 국민의

---

[1] 이 사업으로 구축한 다른 두 종류의 사전이 있는데, 각각 '한국어기초사전'과 외국인 학습자를 위한 한국어-외국어 학습사전이다. 후자에는 영어, 프랑스어, 스페인어, 일본어, 러시아어, 인도네시어어, 베트남어, 태국어, 몽골어, 아랍어가 포진되어 있고 2016년부터 한-중 학습사전이 개발되고 있는데, 이들 11개 한국어 학습사전들의 명칭은 '국립국어원 한국어-00어 학습사전' 또는 '한국어-00어 학습사전'으로 정해졌다. '한국어기초사전'과 더불어 '국립국어원 한국어기초사전'도 정식으로 국가에 등록된 명칭이다.

[2] 국립국어원에서는 2010년에 명칭 공모를 실시하였는데 여기에서 대상을 받은 '우리말누리샘'을 줄여 '우리말샘'으로 확정하였다.

세금으로 운영되는 사전이니만큼 정보 내용에 오류가 발생하는 것은 바람직하지 않기 때문에 전문 편찬자들의 검증 단계가 필요하다. 따라서 집단 지성, 즉 일반인 사용자 참여를 활용하지만 전문가가 최종 단계에서 사실 확인 및 교열 교정을 하는 사전이기 때문에 이러한 측면에서 이제껏 유례가 없는 신개념 사전이라고 할 수 있다.

'우리말샘'은 또한 각종 생활 용어와 전문 용어를 최대한 망라하는 사전으로 기획되었기 때문에 '지식 대사전'으로 특징지을 수 있다. 시중의 서점에서 찾아볼 수 있는 각 분야의 전문 사전들이 대거 통합되었다고 보면 될 것이다. 그래서 이것은 지금까지 존재했던 전통적인 양식의 언어사전이나 백과사전적 국어사전이 아니라 우리가 사용해 왔던 그리고 사용하고 있는 우리말 정보를 모두 집대성하고 이해를 도울 수 있는 음향, 이미지, 동영상 등 각종 다중 매체(멀티미디어) 자료들이 부가되면서, 일반 언중들이 들어와 다양하게 우리말 정보를 깁고 보탤 수 있는 '국가 언어 지식 관리 체계'라고 할 수 있다.

....

3 이승재(2012)와 소강춘(2015)에서는 이 두 가지 요소가 '개방형'이라는 표현의 함의되어 있다고 보았는데, '개방형'은 사전 편찬자의 개방을 뜻하며 '지식 대사전'이라는 표현이 광범위한 어휘 등재를 의미하는 것으로 정리하는 것이 한결 나아 보인다. 전문지식만이 지식인 것은 아닐 것이기 때문이다.

4 지금까지는 우리 사회가 국어를 다듬어서 아끼고 보전해야 하는 대상으로만 보아온 경향이 있다. 해마다 치러지는 한글날 행사 즈음에 언론을 통해서 전해지는 다짐과 반성이 바로 그 증거라고 할 수 있다. 그러나 역사학에서 민중 생활사가 주목을 받았듯이 국어에서도 문어를 벗어나 구어, 지역어(방언), 은어, 계층어들도 그 가치를 인정받을 만한 면이 있고, 그러한 관점은 이미 학계와 문화계에서 널리 퍼져 있다고 본다.
이렇게 국어를 문화유산으로서 또 기록 대상으로서 주목하면 어느 어휘 하나 버릴 것이 없고 수집과 정리에 한시도 지체할 여유가 없게 된다. 그래서 국립국어원에서는 2010년부터 '개방형 한국어 지식 대사전' 사업을 기획하여 시작하였던 것인데, 이 사업은 표준어 중심의 어문정책과 사전 정책의 단점을 보완하면서 동시에 기록물로서 인쇄 사전의 공간제약성이라는 문제점이 개선된 사전을 만들어보고자 하는 것이기도 하다.

‘우리말샘’의 콘텐츠는 불특정 다수가 구축하고 완성하는 것이기 때문에 저작자나 소유자를 특정할 수 없게 된다. 그래서 어떤 국민이든 정보를 자유롭게 퍼갈 수도 있도록 저작물 자유 이용 정책을 채택하였다. 그리고 ‘우리말샘’은 다양한 정보가 흐르는 공간이기 때문에 특정 목적만을 염두에 두고 운영되지는 않는다. 그래서 이 안에 있는 어종별 정보(<일반어, 북한어, 지역어(방언), 옛말>, <관용구, 속담>, <고유어, 한자어, 외래어, 혼종어> 등), 전문 용어 정보, 품사별 정보, 지역별 정보 등 다양한 정보를 각기 식별할 수 있는 표지(tag)로 관리할 수 있으며, 사용자는 어떤 표지를 조건으로 검색을 하느냐에 따라 특정 목적에 맞는 자료를 추출하여 열람하거나 이를 이용함으로써 2차 자료를 다양하게 만들어낼 수 있다.

또한 정보통신 기술을 활용하여 인터넷상에서 언어 자료를 지속적으로 수집, 분석한 후 신어 후보를 추출하고 그에 따른 용례도 같이 검색할 수 있는 실시간 어휘 수집·분석 시스템을 갖추었다. 이는 사전 편찬 단계 이전에 하는 전처리 작업 도구라 할 수 있다. 이 시스템에서 정비한 결과를 활용하는 어휘 생명 주기 분석 시스템도 만들었다. 각각의 전문 용어에 대해서는 전문 분야를 지정해 주어야 하는데, 편찬자가 쉽게 판단할 수 있도록 전문 분야 분석·추천 시스템도 개발하였다. 다만, 현재의 기술 수준으로는 여러 후보를 보여주는 정도에 그치므로 궁극적으로는 지침과 이전 사례를 기준으로 집필자가 최종 판단하여야 한다.

‘우리말샘’에서 가장 눈에 띄는 변화는 관리와 유통을 위한 절대적 기준으로서 기본 단위 항목에 절대 주소를 도입한 것이다. 그래서 가변적이어서 준거 기능을 하기 힘들었던 사전의 동형어 번호를 없애고 그 대신 세부 의미(센스 sense) 단위로 절대 주소를 도입했다. 또한 이를 등재의 기본 단위로 삼아서 단어를 세부 의미 단위로 표제 항목을 영구적으로 관리할 수 있도록 하였다. 예를 들어, 어떤 다의어의 의미 하나가 삭제된다고 하면 그 센스의 번호(주소)에는 다른 센스가 당겨 배정되는 것이 아니라 영구 결번이 된다. 그러나 전통적인 사전의 다의어 기준 표제어 등재가 우리 인간의 언어 인식을 반영하는 것으로 보고 다의어를 묶어 보여주기도 한다. 다만 이러한 동철어에 기존의 어깨번호를 부여하지는 않는다.

그리고 최근 디지털 콘텐츠가 국제적인 연계 자료 은행인 엘오디 (LOD: Linked Open Data) 등에서 유통되는 경우가 많아 사전의 구조를 국제 표준 규격에 최대한 부합하도록 하였다. 이를 위하여 현재 국제 표준 기구(ISO)에서 정한 엘엠에프(LMF: Lexical Markup Framework) 규격을 최대한 준용하여 콘텐츠 데이터베이스의 구조를 설계하였다. 또한 '우리말샘'의 자료를 많은 사람들이 보다 쉽게 이용할 수 있도록 개방형 인터페이스 규격(Open API)을 채택하였다.

눈에 띄는 다른 변화는 검색 방식과 그 결과의 제시 방식이다. 검색은 포함 검색이 기본이며, 기본 검색 대상은 표제어 및 원어, 대역어, 발음 정보, 속담·관용구, 뜻풀이, 용례이다. 따라서 기본 검색창에 '나무'를 입력하여 검색하면 검색 결과에 '나무'가 표제항에 포함되어 있는 '히말라야삼나무'와 그 발음이 '나무'와 같은 '남우'까지도 포함되며, 'Himalaya'를 검색하면 원어에 이것이 들어간 어휘들이 어휘 탭의 검색 결과로 등장한다. 이는 각종 포털에서 제공하는 검색 서비스의 최신 경향을 반영한 것으로, 결국 사용자의 편의를 위한 것이라고 할 수 있다. 또한 전자사전의 장점인 정렬(소팅 sorting) 기능을 적극 활용하여 항목이나 뜻풀이 배열 순서를 사전 편찬자가 만들어 놓은 순서('우리말샘순'[5])로도 볼 수 있고

---

[5] '우리말샘순'은 대략 아래와 같은 규칙에 의해 나오는 검색 결과 목록의 정렬 순서이다.

  1. 한글 검색어 입력 시
   ○ 검색 대상: 표제어, 활용형, 발음 표기, 활용형 발음 표기, 검색용 이형태, 용언 어간

사용자가 많이 찾아본 순서로도 볼 수 있으며 가장 최근에 편집된 자료 순서로도 볼 수 있도록 하였다. 이 기능을 활용하면 사용자는 자신이 찾고 자 하는 뜻풀이를 보다 쉽게 찾을 수 있다. 이와 더불어, 기존의 사전처럼 일치 검색 결과만 모아서 보기를 원하는 사용자를 위하여 일치 검색 결과 만을 볼 수 있는 링크를 별도로 제공하기도 한다. 마지막으로, 활용형을 검색어로 넣어도 자동 형태소 분석을 통하여 그 기본형을 찾아주는 기능도 구현하였다. 이는 저빈도 용언을 접한 사용자나 한국어를 아직 잘 모르는 외국인 등에게 유용한 기능이다.

··

ㅇ 정렬 순서(순위별)
① 표제어 완전 일치
② 표제어 부분 일치(전방 일치)
③ 표제어 부분 일치(포함 일치)
④ 기타 대상의 가나다 순

ㅇ 검색 결과가 한 순위 내에서 다수일 경우 다음의 규칙에 의해서 순서를 조정한다.
① 범주: 일반어 > 전문어 > 북한어 > 방언 > 옛말
② 품사: 명사 > 명사·부사 > 의존명사 > 의존명사·조사 > 대명사 > 대명사
·관형사 > 대명사·부사 > 대명사·감탄사 > 수사 > 수사·관형사 > 수사
·관형사·명사 > 동사 > 동사·형용사 > 형용사 > 보조 동사 > 보조 형용사
> 관형사 > 관형사·명사 > 관형사·감탄사 > 부사 > 부사·감탄사 > 감탄사
> 감탄사·명사 > 어근 > 조사 > 어미 > 접사 > 구 > 품사 없음
③ 원어: 원어 없음 > 한자 > 외래어 > 혼종어(기타)
④ 외래어 원어: 원어 알파벳순
⑤ 전문어: 분야명 가나다순
⑥ 이후 의미번호순

2. 한자 검색어 입력 시 다음과 같은 순위로 정렬한다.
① 원어 완전 일치
② 원어 부분 일치

3. 로마자/알파벳 검색어 입력 시 다음과 같은 순위로 정렬한다.
① 원어 완전 일치
② 원어 부분 일치
③ 대역어 완전 일치
④ 학명 완전 일치

지금까지 살펴보았듯이 21세기형 사전, 더 나아가서는 국가 언어 지식 관리 체계로 출발한 '우리말샘'은 단순한 사전을 넘어 개방성과 지속적인 확장성, 연계성, 그리고 실용성을 지니는 미래 지향의 언어 문화유산 보존, 활용 체계이며 한국어의 모든 자료를 수집하여 관리, 활용하는 한국어 지식 정보의 총본산 역할을 할 수 있는 체계이다.

　이와 같은 특징들을 포함한 '우리말샘'의 주요 성격을 범주별로 현재의 <표준>과 비교하면 다음과 같다[6].

[표 1] 표준국어대사전과 '우리말샘' 비교

구 분	표준국어대사전	우리말샘
지향점	규범 안내 사전	다양한 언어 현상을 수록한 국가 언어 지식 관리 체계
거시 구조 (표제어)	표준어 중심	실생활 용어 중심 (신어, 생활 용어, 전문 용어, 지역어 (방언), 많이 쓰이는 구 등 수록)
관리 주체	관리자 중심의 편집, 수정	사용자 편집 참여 가능 (단, 별도 검증단이 자료 검토 실시)
데이터베이스 형식	인쇄 사전 구조(체계)	전자사전에 최적화한 XML 구조 (ISO TC37의 LMF[7] 구조 준용)
규모	표준어 중심의 51만 항목	신어, 전문 용어, 지역어(방언) 등 100만 항목 이상 지속 확장 (표준국어대사전 51만 항목 포함)
표제어의 범위	대표형 중심의 항목 선정, 제공	다양한 이형태, 파생어, 고유명사, 오류형 등 적극 반영
확장 방법	별도의 신어 수집, 관찰 및 표준성 판별 후 신어 반영	①사용자 참여(직접 집필, 집필 요청) ②실시간 어휘 수집, 분석, 용례 추출, 생명 주기 분석을 통한 자동 관리
정보성	고도로 정제된 정보만 구축, 제공	사용자 제공 정보를 다양하게 반영하고 검증단 검토 정보로 완결

6　'우리말샘'의 6대 설계 원칙 및 <표준>과의 더욱 상세한 비교는 이승재(2012)를 참고할 수 있다.

기능성	규범 전문 사전으로 축소, 특화 가능	다양한 기능적 사전으로 분리 구축 가능 (전문분야별 용어 사전, 방언 사전 등)

2.2. '우리말샘'의 편찬 방법

국립국어원이 편찬한 사전은 인쇄 사전으로 출발하였던 <표준국어대사전>(1999년)이 처음이었다. 당시에는 - 당연히 - 기술 수준이 허락하는 한 최대의 전산화를 통하여 과학적이고도 효율적으로 사전을 편찬하고자 하였는데, 그것은 말뭉치를 이용한 사전 편찬이라는 새로운 흐름이 서구를 통해 도입되었기 때문이기도 하였다[8]. 당시 <표준>의 편찬 작업 과정은 [그림 1]과 같이 도식화된다.

<표준>은 기획 당시 기존의 대사전들을 종합하여 규범적으로 통일을 이루며 각종 어문규정의 빈틈을 메꿀 수 있는 '종합국어대사전'을 구축하는 것이 주된 목표였다[9]. 이때 종합의 대상으로 선정된 것이 [그림 1]에서의 6개 사전[10]이다. 이것들의 표제어 목록화를 비롯하여 당시에 이루어졌던 주된 정보화 편찬 기법으로는 1)과 같은 것들이 있었으며[11], [그림 1]과

---

[7] 국제 표준화 기구(ISO)의 언어 자원을 다루는 기술위원회(TC37)에서 어휘 자원을 기술, 구축하는 표준을 마련하여 공표하였는데 그 규격이 엘엠에프(LMF: Lexical Markup Framework)이다.

[8] 이는 2008년에 각종 오류를 수정하고 미등재어를 3600여 개 보충하면서 전자적 검색 방식을 도입한 인터넷 사전으로 개편되었다. 그러나 여전히 철저하게 애초의 인쇄 사전 형식을 취하고 있다.

[9] <표준>이 현재의 명칭으로 확정되기 이전에 이미 규범 사전으로서의 성격을 띠는 것으로 여겨졌었다(조남호 1995: 112 참조). 또한 최혜원(2000: 25)에 따르면 <표준>은 표기 규범을 제시하는 것을 주목적으로 취하였음을 알 수 있다.

[10] 그 목록은 다음과 같다: <이희승 국어대사전>(민중서림), <새우리말큰사전>(삼성출판사), <국어대사전>(금성출판사), <우리말큰사전>(한글학회), <조선말사전>(북한), <조선말대사전>(북한).

[11] 보다 상세한 것은 조남호(1995, 2000), 국립국어연구원(2000), 최혜원(2000)을 참조하기 바란다.

1)에서 자동화 대상으로 언급되지 않은 것들은 수작업으로 이루어졌다.

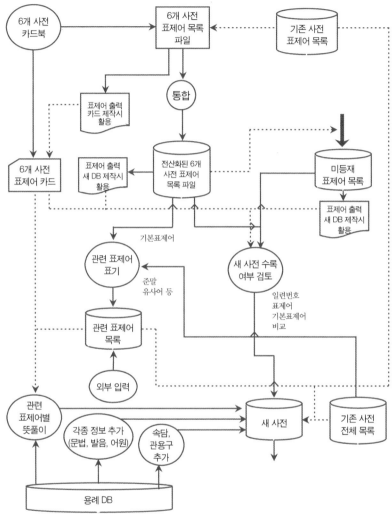

[그림 1] 〈표준〉의 편찬 방식[12]

1) <표준>의 편찬 당시 정보화 작업
   가. 6개 사전 표제어 입력
   나. 말뭉치 구축(5000만 어절)
   다. 말뭉치(용례) 검색 프로그램 개발(HGREP.EXE)
   라. 사전 입력 자료 검색 프로그램 개발(HDB.EXE)
   마. 사전 편찬 지원 프로그램 개발(4바이트 자체 문자코드 채택)

   현행 <표준>에 각종 전문 용어, 미등재어, 신어를 추가하고 등재 단위
를 센스로 삼는 등의 거시 구조를 취하고, 관련어 체계와 몇 가지 미시
구조를 <표준>에 더하여 만든 '우리말샘'은 이보다 한 걸음 더 나아간
자동화 편찬 방법을 취하였다. 이를 요약하면 다음과 같다.

2) '우리말샘'의 전산적 편찬 방법
   가. 실시간 어휘 수집·분석 시스템(미등재어 및 신어 추출기) 개발을
       통한 신규 표제어 후보 발굴
   나. 세종 말뭉치(2억 어절)를 활용한 용례 추출
       (https://ithub.korean.go.kr/user/main.do)
   다. 사전 편찬 시스템 개발, 활용
   라. 관련어 및 어휘 지도 구축 시스템 개발, 활용
   마. 전문 용어 분야 분석 및 추천 시스템 개발, 활용
   바. 사전 정보 통계 추출 시스템 개발, 활용
   사. 한자 자동 변환 시스템 개발, 활용(한중일 호환용 한자 → 한중일
       통합 한자)
   아. 연관어 자동 추출 및 등록 시스템 개발, 활용("000: △△의 방언/
       옛말" 구조에서 000을 △△의 연관어로 자동 등록)
   자. 뜻풀이 표절 검사 시스템 개발, 활용

는 삭제되어야 할 듯하다. 조남호(2000: 10)에서 미등재어는 별도로 자체 수집하
였다고 밝혔기 때문이다.

표제어 선정이나 승인, 뜻풀이 작성, 관련어 구축, 용례 선정 등 모든 사전 편찬 작업을 기계가 할 수 있는 시대가 언젠가 올 수도 있겠으나, 현재의 기술 수준으로서는 가장 난해한 뜻풀이 작성, 관용구 선정은 전적으로 인력에 의존할 수밖에 없다. 그렇지만 표제어 후보 추출이나 상위어(또는 상의어) 후보 선정 등은 어느 정도 기계의 도움을 받을 수 있는 상황이다. '우리말샘'은 이러한 편찬 작업들을 여건이 허락하는 한 자동화하거나 자동화에 의한 결과를 활용하고자 하였고, 상당한 성과를 보였다.

3. '우리말샘'의 구축 현황

이 장에서는 '우리말샘'이 지금까지 어떤 모습으로 만들어져 운영되고 있는지에 대해서 알아본다. 웹 사전인 '우리말샘'의 구축 현황은 크게 기능 위주의 시스템 측면과 내용 위주의 콘텐츠 측면으로 나누어 볼 수 있을 것인데, 다음 [표 2]와 같은 세세한 기능까지 모두 소개하기에는 여건이 허락하지 않기 때문에 주요하다고 여겨질 수 있는 몇몇 기능만을 소개하려 한다.

[표 2] '우리말샘'의 기능 현황

권한		기능 내용
공통		검색(기본/상세)
사용자 (일반/ 전문)	편찬 기능	집필 참여하기
		집필 요청하기
		어휘별 의견 보내기
		어휘 올리기 (어휘표기/뜻풀이/대어종/품사/원어/발음/방언 지역/ 전문 분야/ 학명/대역어/용례/멀티미디어)
		편집/검증(전문가)
	이용 기능	사전 통계 보기
		어휘 지도 일람
		분과별 게시판 사용
		오류, 유해물 신고
관리자	편찬 기능	어휘 추가(미시 구조 전체)
		어휘 수정/삭제(미시 구조 전체)
		실시간 어휘 수집/분석
		관련어 및 어휘 지도 구축
		전문 용어 분야 분석 및 추천
		한자 자동 변환
		연관어 자동 추출 및 등록
		뜻풀이 표절 검사
	관리 기능	승인 이력 조회
		통계 추출 - 기본 통계(전문어/품사 등) - 페이지별 이용 현황 - 홈페이지 접속 현황 - 검색대상별 이용 현황 등
		음성 정보 관리(음성 파일 등록 및 정보 변경)
		이미지 등 멀티미디어 정보 관리(등록/수정/삭제)
		특이 문자 관리(이미지 등록 등)
		공지사항 관리
		사용자 관리(사용자 등록 및 정보 변경)
		코드 관리(문자, 관련 어휘, 품사, 전문 영역, 어휘 범주, 표제어 어종 등)

3.1. 시스템

'우리말샘'의 기능은 가장 기본적인 기능인 검색 기능, 회원으로 가입한 사용자가 이용할 수 있는 사용자 기능, 시스템 관리를 맡은 관리자만이 접근할 수 있는 관리자 기능으로 대별된다.

먼저 검색 기능을 살펴보자. 다음 [그림 2]는 '우리말샘'의 첫 화면이다.

[그림 2] '우리말샘'의 첫 화면

이는 상하 5단으로 편집되어 있으며, 첫째 단에는 집필 참여하기, 사전 통계, 어휘 지도, 작은 창 사전, 들어가기(로그인), 회원 가입 버튼이 배치되었다[3]. 둘째 단에는 검색창이 있는데, 그 오른쪽에 자세히 찾기 버튼이 있어 상세 검색 기능을 활용할 수 있다. 셋째 단에는 새로 오른 말, 많이 찾은 말, 그리고 '집필해 주세요'라는 제목의 사용자가 집필 요청한 말 목록이 있어서 '우리말샘'의 사용자들이 궁금해할 만한 목록을 모은 것이라고 할 수 있다. 이에는 사용자의 방문과 참여를 유도하려는 의도가 없지 않다. 이러한 요소는 넷째 단에도 있는데, '우리말샘'에 많이 참여한 일반 사용자를 참여한 양적 순서대로 보여주는 모양을 취하고 있다. '우리말샘'의 활성화에 기여한 사용자들의 심리적 보상 체계라 할 수 있다.

[그림 3] '풀'을 검색한 결과 화면

[그림 3]은 '풀'을 검색어로 넣어 검색한 결과이다. 어휘, 속담/관용구, 뜻풀이, 용례로 탭이 나뉜 것은 검색 대상 필드를 보여주는 것인데, 앞서 밝힌 것처럼 어휘 필드에서는 원어와 발음 정보, 전문 분야, 뜻풀이까지 가 검색 결과로 나타나게 된다[14].

이 그림 오른쪽에서 여러 가지 선택항들을 볼 수 있는데, 정렬 조건, 어휘 분류, 조건 제한, 전문 분야가 우선 보이며 각각 마우스로 눌러 그 내용을 볼 수 있거나 조건을 좁힐 수 있다. 그 아래로는 다음 [그림 4]에서 볼 수 있듯이 품사별로 볼 수 있는 선택 기능이 주어진다.

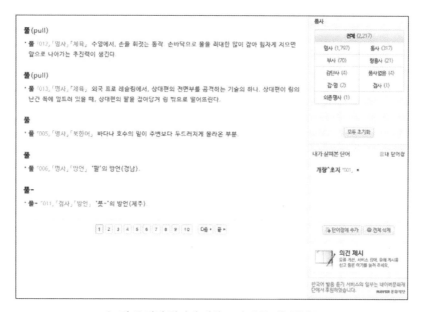

[그림 4] 검색 결과에 대한 조건 제한 기능(우측)

---

[14] 기본적으로 나타나는 검색 결과는 '전문가 감수 정보'로 분류된 것들인데, 이는 국립국어원이 사실 확인이나 교열 교정 등의 감수 절차를 완료한 상태의 정보들이다. 사용자가 집필하였으나 아직 감수되지 못한 것들 중 윤리성 문제가 없는 것들은 '참여자 제안 정보'로 서비스된다.

각 어휘를 눌러 상세 화면으로 들어가면 다음과 같은 정보들이 나열된다. '아들'을 예로 들면 다음 [그림 5]와 같이 발음, 품사/문형, 센스 번호, 뜻풀이, 용례, 관련 어휘, 역사 정보, 관용구/속담, 어휘 지도, 지식 정보 등이 나타나게 되어 있다.

아들
☞편집하기 ⊘편집 금지 요청

발음　　　[아들 ◀]
품사　　　「명사」

「001」 남자로 태어난 자식.

‣ **아들** 내외.
‣ 아버지와 **아들이** 형제처럼 보인다.
‣ 사장은 회사 경영권을 **아들에게** 넘겼다.
‣ 우리 집안은 **아들이** 귀하다.
‣ 재작년에 결혼한 친구가 **아들을** 낳았다는 소식을 들었다.
‣ 구리 빛깔의 근육의 뒤틀어진 팔뚝을 걷고 아버지가 쥐었던 가래를 잡는 **아들의** 모습을 바라본 늙은이는 눈물을 주르르 흘리며 빙그레 웃는다.≪유현종, 들불≫
‣ 두 **아들과** 양현이 이외 어머니가 애정을 표시했던 사람을 환관이는 본 적이 없다.≪박경리, 토지≫
‣ 멀리 유배되어 있는 몸이니만큼 그는 **아들들의** 처신이나 행실이 항상 걱정스러웠다.≪한무숙, 만남≫

닫기^

관련 어휘
‣반대말　　딸, 소애(小艾), 여식(女息)
‣참고 어휘　아들-놈, 가아(家兒), 영식(令息), 영윤(令胤), 옥윤(玉胤), 윤군, 윤형(允兄), 영자(令子), 영랑(令郞), 윤옥, 윤우, 가돈(家豚), 돈견(豚犬), 돈아(豚兒), 우식(豚息)

‣지역어(방언)　아덜(강원, 경상, 전라, 제주, 중국 길림성, 중국 흑룡강성), 나매(경남), 아달(경남), 아델(경상, 중국 흑룡강성)

‣옛말　　　아들

역사 정보
아들(15세기~19세기))아들(17세기~현재)

설명	현대 국어 '아들'의 옛말인 '아들'은 15세기 문헌에서부터 나타나기 시작한다. 16세기 이후 제2음절 이하의 모음 'ㆍ'가 'ㅏ'로 변하는 'ㆍ'의 제1차 소실이 일어남에 따라 '아들'도 이러한 변화를 겪어 17세기에 '아들'로 나타나기 시작하였다. 이후 19세기까지 '아들'과 '아들'이 공존하다가 '아들'이 고정되면서 현재에 이르렀다.
이형태/이표기	아들, 아들

[그림 5] '아들'의 세부 정보(1)

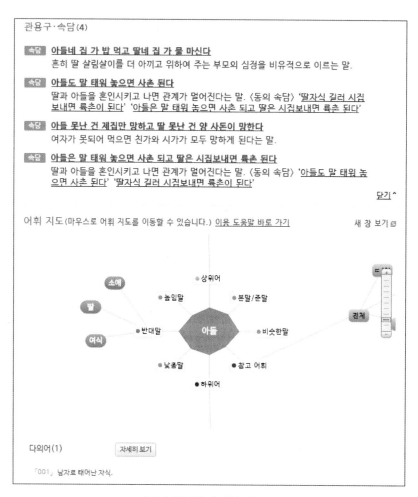

관용구·속담(4)

속담 **아들네 집 가 밥 먹고 딸네 집 가 물 마신다**
흔히 딸 살림살이를 더 아끼고 위하여 주는 부모의 심정을 비유적으로 이르는 말.

속담 **아들도 말 태워 놓으면 사촌 된다**
딸과 아들을 혼인시키고 나면 관계가 멀어진다는 말. 〈동의 속담〉 '딸자식 길러 시집
보내면 륙촌이 된다' '아들은 말 태워 놓으면 사촌 되고 딸은 시집보내면 륙촌 된다'

속담 **아들 못난 건 제집만 망하고 딸 못난 건 양 사돈이 망한다**
여자가 못되어 먹으면 친가와 시가가 모두 망하게 된다는 말.

속담 **아들은 말 태워 놓으면 사촌 되고 딸은 시집보내면 륙촌 된다**
딸과 아들을 혼인시키고 나면 관계가 멀어진다는 말. 〈동의 속담〉 '아들도 말 태워 놓
으면 사촌 된다' '딸자식 길러 시집보내면 륙촌이 된다'

닫기 ^

어휘 지도(마우스로 어휘 지도를 이동할 수 있습니다.) 이용 도움말 바로 가기   새 창 보기

다의어(1)   [자세히 보기]

「001」 남자로 태어난 자식.

[그림 6] '아들'의 세부 정보(2)

위 그림 중 어휘 지도는 전체 화면의 제1단에 별도로 배치되어 있는
'어휘 지도' 메뉴 버튼을 눌러서 나타나는 별개의 창에서 열람하고 검색
할 수도 있다(이에 대해서는 후술된다).

일반 등급의 회원인 사용자가 로그인하면 집필에 참여할 수 있는데,

그것은 다음 [그림 7(1)] 상단 왼쪽의 '집필 참여하기' 버튼을 누르면서 가능하다. 이 그림에서 볼 수 있듯이 기본 집필 항목은 어휘(표제어), 뜻풀이, 분류(일반어/지역어 구분)로 구성되어 있으며, 하단의 '추가 항목 집필' 버튼을 누르면 그다음 [그림 8]처럼 다른 여러 항목을 집필하거나 정보 제공에 임할 수 있다.

[그림 7(1)] 일반 회원용 집필 참여 기능(기본 화면/일반어)

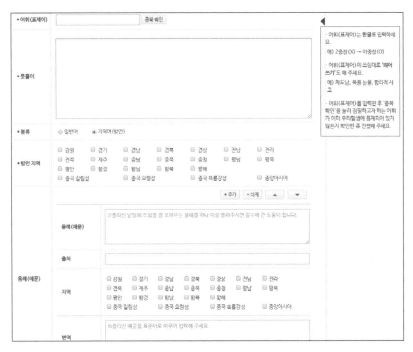

[그림 7(2)] 일반 회원용 집필 참여 기능(기본 화면/지역어)

<table>
<tr><td colspan="4">추가 항목</td></tr>
<tr><td>품사</td><td colspan="3">품사 없음 ▼</td></tr>
<tr><td>원어</td><td colspan="3"></td></tr>
<tr><td>발음 표기</td><td colspan="3"></td></tr>
<tr><td>전문 분야</td><td colspan="3">없음 ▼</td></tr>
<tr><td rowspan="3">다중 매체
(멀티미디어)</td><td colspan="3">+ 추가</td></tr>
<tr><td>종류</td><td>제목</td><td>파일</td></tr>
<tr><td>올리기</td><td>-</td><td>-</td><td>-</td></tr>
<tr><td colspan="4" style="text-align:center">미리 보기　저장　취소</td></tr>
</table>

[그림 8] 일반 회원용 집필 참여 기능(선택 항목 추가 화면)

다음 [그림 9, 10, 11]은 관리자 권한으로 들어간 집필 화면이다. 여기서는 '우리말샘'의 미시 구조 전체를 집필할 수 있으며, 집필이 끝난 후에는 결재 단계를 통해 적절히 검토되고 다듬어져서 완성된다.

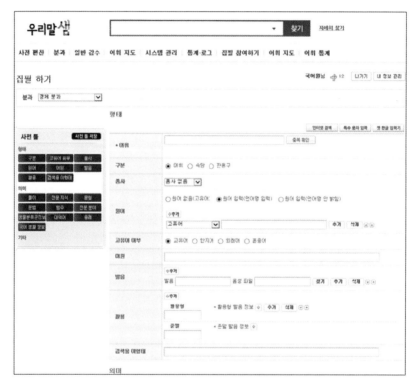

[그림 9] 관리자용 집필 기능(1)

의미

인터넷 검색 | 특수 문자 입력 | 옛 한글 입력기

뜻풀이	표절 검색 | 어휘 연결
문형	◈추가 문형 없음 ▼ | 추가 | 삭제 ▼▲
문법	◈추가 추가 | 삭제 ▼▲
범주	● 일반어 ○ 북한어 ○ 방언 ○ 옛말
＊전문 분야	◈추가 없음 ▼ | 없음 ▼ | 추가 | 삭제 ▼▲
생물 분류군 정보	● 없음 ○ 학명 ○ 문명 ○ 강명 ○ 목명 ○ 과명
대역어	◈추가 언어 영어 ▼ | 추가 | 삭제 ▼▲ 대역어
용례	◈추가 | 용례 찾기 추가 | 삭제 ▼▲ 용례 출전
의미 관계	

[그림 10] 관리자용 집필 기능(2)

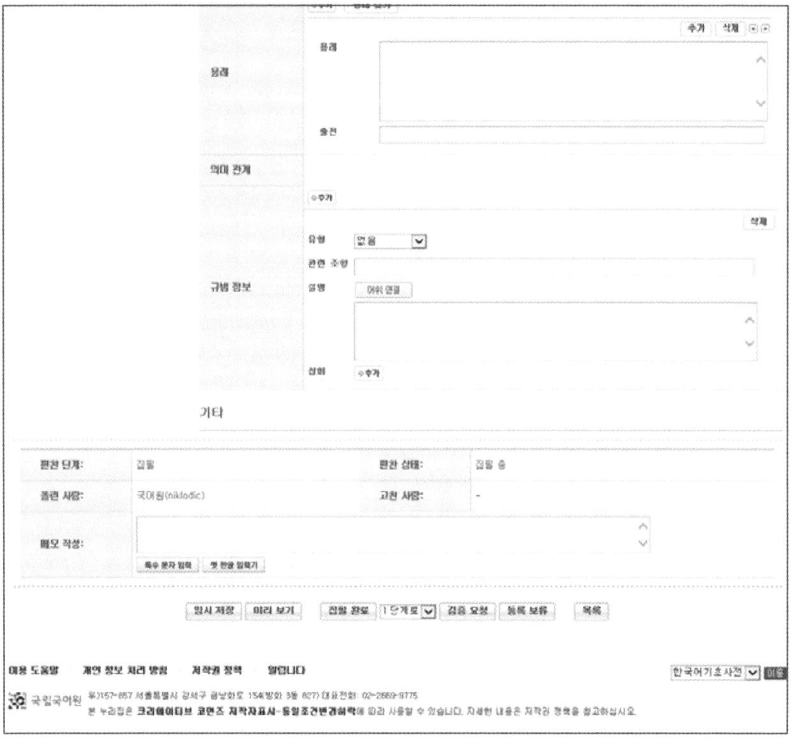

[그림 11] 관리자용 집필 기능(3)

다음 [그림 12, 13, 14, 15]는 '만들다'가 편찬기에 집필된 모습이다. 녹음된 발음 파일과 문형 정보, 어휘사 정보 등이 기입된 것을 볼 수 있다.

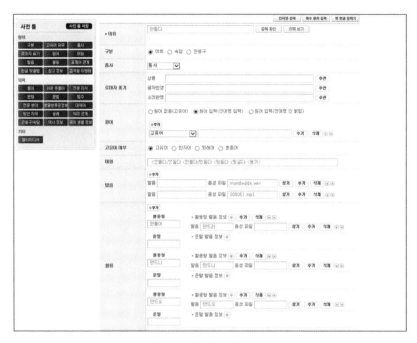

[그림 12] '만들다'의 집필 과정(1)

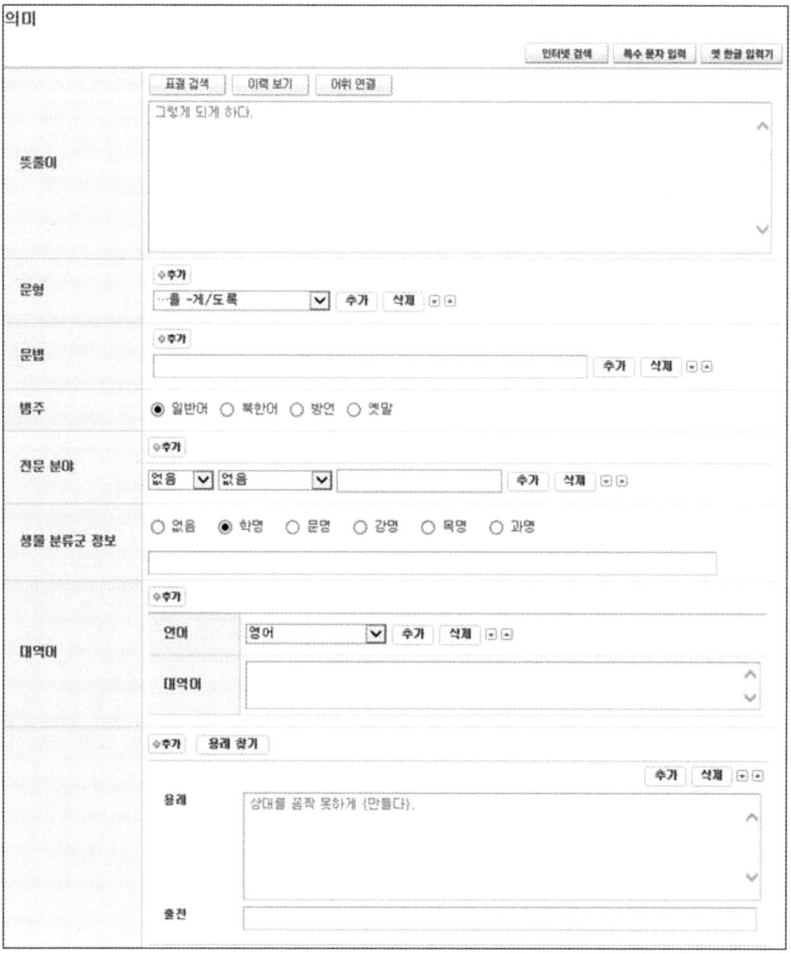

의미

인터넷 검색 | 특수 문자 입력 | 옛 한글 입력기

뜻풀이

표결 검색 | 이력 보기 | 어휘 연결

그렇게 되게 하다.

문형

＋추가

…를 -게/도록 ▼ 추가 | 삭제 ⊡ ⊡

문법

＋추가

추가 | 삭제 ⊡ ⊡

범주

◉ 일반어 ○ 북한어 ○ 방언 ○ 옛말

전문 분야

＋추가

없음 ▼ 없음 ▼ 추가 | 삭제 ⊡ ⊡

생물 분류군 정보

○ 없음 ◉ 학명 ○ 문명 ○ 강명 ○ 목명 ○ 과명

대역어

＋추가

연어 영어 ▼ 추가 | 삭제 ⊡ ⊡

대역어

＋추가 | 용례 찾기

용례

추가 | 삭제 ⊡ ⊡

상대를 꼼짝 못하게 {만들다}.

출전

[그림 13] '만들다'의 집필 과정(2)

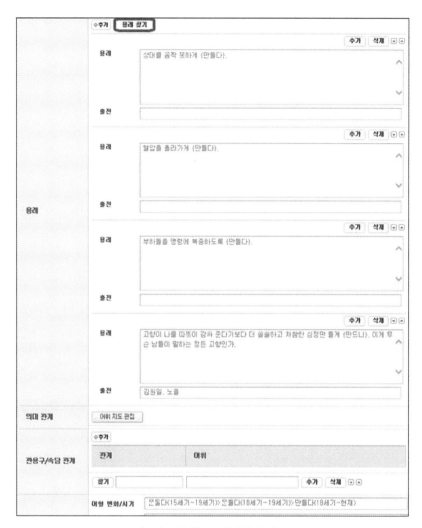

[그림 14] '만들다'의 집필 과정(3)

역사 정보

표기   만들-. 만드-. 만물-. 만든-

용례 추가   용례 삭제

용례   봇비 차반 {만들고} 고기 음마 낙거든 건져내고

출전   1795 노언-중 하:44ㄴ

원문

현대어역

용례 추가   용례 삭제

용례   쩌이 담붜에 풀드려 {만든} 갓시오

출전   1795 노언-중 하:49ㄱ

원문

현대어역

용례 추가   용례 삭제

용례   음일혼 말은 좀이 견으로 더브러 ᄒ는 양 {만드럿습고}

출전   1756 천의 4:60ㄴ-61ㄱ

원문

현대어역

용례 추가   용례 삭제

용례   끼고 거두어 씌 {만드단} 말

출전   1796 경신 56ㄴ

원문

현대어역

삭제

세기   ○ 15세기   ○ 16세기   ○ 17세기   ○ 18세기   ◉ 19세기

[그림 15] '만들다'의 집필 과정(4)

　

[그림 14]에 보이는 용례 기입 화면의 맨 위를 보면 '용례 찾기' 버튼이 있는데, 이를 누르면 다음과 같은 화면, 즉 [그림 16]이 나타나게 된다. 이를 이용해서 적절한 용례를 추출하여 기입할 수 있으며, '국어원 자료 찾기' 탭에서는 21세기 세종 계획 말뭉치가 검색된다.

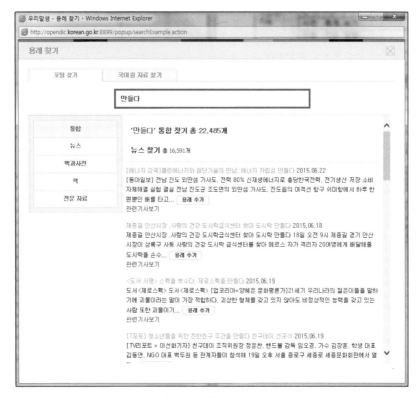

[그림 16] 용례 검색기

　'우리말샘'에는 이것 이외에도 앞서 소개한 몇 가지 편찬 지원 도구가
마련되어 있다. 이것들은 모두 관리자 권한으로만 이용할 수 있다. 각각
을 간단히 살펴보기로 하자.

　첫째, 다음 [그림 17]에서 볼 수 있는 실시간 어휘 수집·분석 시스템이
다. 간단히 신어 추출기라고 할 수 있는데, 기존 등재어에 비추어 지정된
기간에 출현한 신어를 출처, 용례와 함께 보여주는 시스템이다. 검색 대
상 마당은 현재 139개 온라인 언론매체이다.

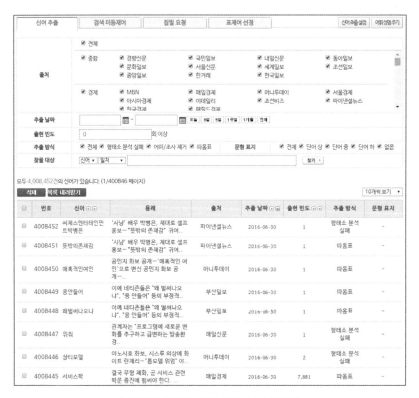

[그림 17] 실시간 어휘 수집·분석 시스템

　둘째, 전문 분야 분석·추천 시스템이다. [그림 18]에서 볼 수 있듯이 신어 후보로 포착된 '서비스업'을 누르면 이것이 등장한 웹페이지 주소와 전문 분야 후보, 용례 문장이 나타난다. 전문 분야 후보는 용례에 등장한 표현을 기준으로 전문 분야 후보를 자동 추출한 결과이다.

　셋째, 어휘 생명 주기 분석 시스템이다. [그림 18]의 첫줄 우측에서 보이는 '어휘 생명 주기' 버튼을 누르면 다음 [그림 19]와 같은 팝업창이 나타나게 되어 있고 여기서 해당 어휘의 연도별 사용 빈도를 확인할 수 있다. 이는 개통 이후 현재의 운영에 유용하게 쓰이고 있다.

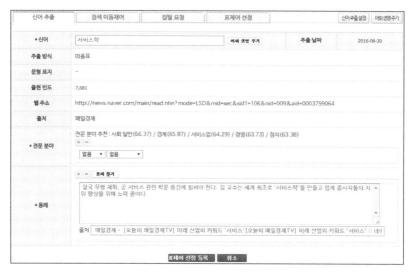

[그림 18] 전문 분야 분석·추천 시스템

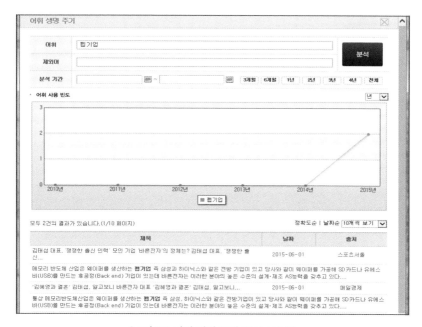

[그림 19] 어휘 생명 주기 분석 시스템

마지막으로 어휘 지도에 대해서 살펴보기로 한다. 어느 화면에서나 볼 수 있는 상단(제1단) 메뉴의 '어휘 지도' 버튼을 눌러서 '아들'을 검색하면 다음 [그림 20]과 같은 화면이 뜬다.

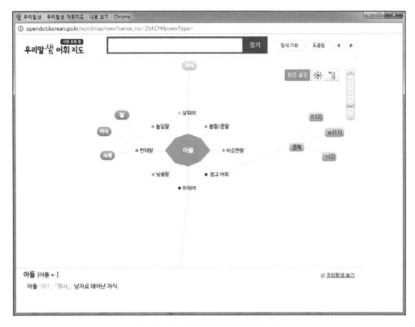

[그림 20] 어휘 지도('아들'의 예)

이것은 다음 [그림 21]과 같은 어휘 지도 편집기에 의해서 생성된 것이다.

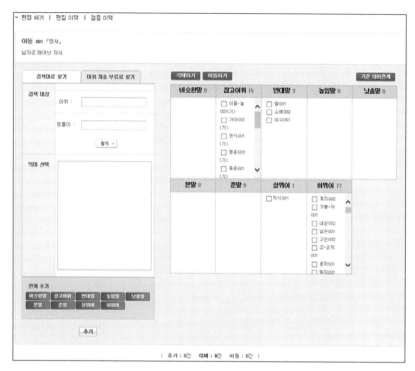

[그림 21] 어휘 지도 편집기

위 편집기로 구축된 결과는 다음 [그림 22]와 같이 텍스트로 나타나서 각 조건별로 검색할 수 있다.

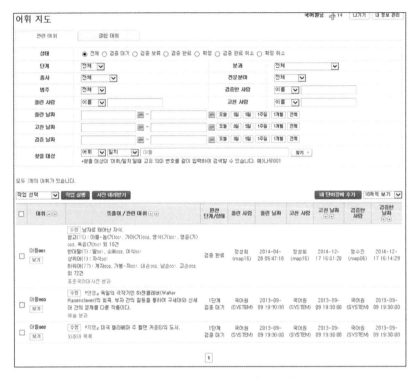

[그림 22] 어휘 지도 편집 관리 시스템

3.2. 콘텐츠

　'우리말샘'은 비록 센스 단위이기는 하지만 역대 국어사전 중 최대의 표제항 수록을 개통 시의 목표로 하였다. 그 결과 개통 시 센스 단위의 표제항이 약 110만 개였고 이를 단어 단위로 환산하면 표제항이 약 100만 개가 되었으며, 운영할수록 신어 등재 등의 사용자 참여 활동으로 표제항이 늘어나는 체계이기 때문에 수록 양은 기존의 인쇄 사전이 따라오기 힘들 전망이다.

　2013년까지 국립국어원이 연도별로 구축한 자료의 양은 다음 [표 3]과 같다.

[표 3] '우리말샘'용 자료 구축 현황('16년 10월 기준) 〈단위: 만(항목)〉

내용		'10년	'11년	'12년	'13년	합계
<표준> 이관	일반어, 전문어, 방언, 옛말, 북한어	60	-	-	-	60
신규 구축	신어·생활 용어	1.5	3	2.5	0.5	7.5
	방언	2	4	3	-	9
	전문 용어	-	11.9	22.6	6	40.5
합계		63.5	18.9	28.1	6.5	117

이러한 자료들은 다음 [표 4]와 같은 미시 구조로 서비스되고 있다.

[표 4] '우리말샘'의 미시 구조

미시 구조	비고
표제항 표기	120만여 개(센스 단위)
원어 정보	71만여 항목에 부가
발음 정보	49만여 항목에 부가
전문분야 정보	67종/65만여 항목에 부가
활용 정보	93천여 항목에 부가
품사	53만여 항목에 부가
문형 정보	149종/445백여 항목에 부가
문법 정보	84백여 항목에 부가
뜻풀이	-
관용구/속담	5291개/10756개
용례	628천여 개/246천여 항목에 부가
관련 어휘	38만여 항목에 부가
어원 정보	26천여 항목에 부가
사진/삽화/동영상	97백여 항목에 부가
역사 정보 (설명/이표기/세기별 용례)	47백여 항목에 부가
어휘 지도	전체 표제항에 부가 (단, 82만여 항목에는 어휘 연결이 없음)
규범 정보	29천여 항목에 부가
전문 지식 정보	추후 전문 회원이 기입

특별히 소개할 사항 한 가지는 <표준>에서 채택하였던 전문 용어 분류 체계를 바꾸었다는 점이다. '우리말샘'은 그간 <표준>이 담지 않았거나 못했던 생활 용어(미등재어), 신어, 비대중적 전문 용어 등을 언어 유산 기록 보존 관점에서 대폭 수용하려는 일종의 저장고이기 때문에 약 40만 개에 이르는 전문 용어를 새로 수집하였다. 이들 전문 용어에는 <표준>의 편찬 작업 당시 이후 새로 생겨난 분야의 것들이 많아서 새로운 분류 체계가 필요했으며, 연구 용역 및 자체 보완 작업을 거쳐서 다음 [표 5]와 같은 신 분류 체계를 만들었다. 이 체계에서는 기존에 상정하지 않았던 대분야를 두었으며, 데이터베이스상으로는 소분야도 기입할 수 있는 기능을 두었으나, 서비스되는 것은 중분야뿐이다.

[표 5] '우리말샘'의 전문 용어 분류 체계 ※ 굵은 글씨: 신설 또는 통합 분야

개방형 사전 전문 용어 새 분류 체계		표준국어대사전 분류 체계
대분야	중분야	
1. 인문	교육, 문학, 민속, 언어, 역사, 철학, 인문 일반	고적, 교육, 논리, 문학, 민속, 언어, 역사, 철학
2. 사회	**경영**, 경제, 군사, **매체**, 법률, **복지**, 심리, 정치, **행정**, 사회 일반	경제, 군사, 법률, 사회, 심리, 언론, 정치, 출판
3. 자연	동물, 물리, **생명**, 수학, 식물, 지구, 지리, 천문, **천연자원**, 해양, 화학, **환경**, 자연 일반	동물, 물리, 생물, 수학, 식물, 지리, 천문, 해양, 화학
4. 산업	공업, 광업, 농업, **서비스업**, 수산업, **임업**, 산업 일반	공업, 광업, 농업, 수산
5. 보건	**수의**, 식품, 약학, 의학, 한의, 보건 일반	약학, 의학, 한의학
6. 공학	건설, 교통, 기계, **재료**, 전기·전자, 정보·통신, 공학 일반	건설, 교통, 기계, 전기, 컴퓨터, 통신, 항공
7. 예체능	**공예**, 무용, 미술, **복식**, 연기, 영상, 음악, 체육, 예체능 일반	미술, 수공, 연영, 음악, 운동, 예술
8. 종교	가톨릭, 기독교, 불교, 종교 일반	가톨릭, 기독교, 불교, 종교
9. 명칭	인명, 지명, 책명, 고유명 일반	인명, 지명, 책명, 비전문 고유명사
67개 중분야		53개 분야

지금까지는 국립국어원에서 '우리말샘'을 개통하기 위해 준비하였던 콘텐츠에 대하여 소개하였다. 그런데 '우리말샘'은 개통과 함께 수록 콘텐츠의 변화가 시작된다는 속성이 있다. 사용자들이 참여하여 함께 만들어나가는 사전이기 때문이다. 앞서 간략히 살펴보았듯이 사용자들은 다음 두 가지 행위로써 집필에 참여할 수 있다. 첫째, 직접 집필하기이다. 이것은 앞서 [그림 7]에서 보았던 '집필 참여하기'로 할 수 있다. 둘째, 미등재어의 경우 다른 사용자에게 집필을 부탁할 수 있는 '집필 요청하기' 기능이 있다. 이러한 사용자 참여로 인하여 '우리말샘'의 관리 절차는 여타의 폐쇄형 사전에 비해서 다소 복잡하게 설정되었다.

'우리말샘'의 관리는 다음과 같은 절차로 이루어지는데, 특히 '등록 적절성 검토'는 윤리 측면에서 부적절한 것을 거르는 단계이다. 그다음에는 사실 관계를 확인하며 사전으로서의 체제를 맞추어 주는 감수 단계가 있다. 감수할 내용에 따라서 각 전문가(또는 전문 단체 등)가 참여하게 되며, 최종적인 확인은 국립국어원 내부에서 한다.

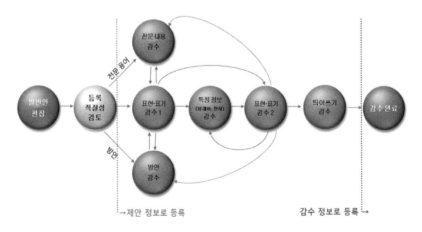

[그림 23] '우리말샘' 정보 관리 및 운영 절차

사용자의 등급에 따른 집필 권한은 다음과 같다.

[표 6] 사용자 등급에 따른 이용 권한

분류		자격 조건	권한
익명 이용자	비회원	-	검색만 가능, 집필 및 수정 불가능
일반 이용자	회원	- 회원 가입 (아이디, 비밀번호, 전자우편) ※ 전자우편을 통한 본인 인증	- 11개 항목 집필 및 수정 가능 (표제어, 품사, 원어, 발 음, 범주, 방언지역, 뜻풀 이, 전문 분야, 학명, 대역 어, 용례, 멀티미디어)
전문 이용자	회원	- 일반 이용자 중 참여 실적이 우 수한 사람 - 전문 편찬자 활동 경력이 있는 사람 - 기타 사전편찬 경력자, 관련 분 야 전문가 등 국립국어원에서 인정하는 사람 ※ 국립국어원 심사 후 권한 부여	- 전 항목 집필 및 수정 가능

4. 맺음말

'우리말샘'은 우리말의 모습을 단어 단위로 남김없이 보여주고자 하였던 역대 국어학자, 대사전 편찬가들의 열망이 바탕이 되어 만들어졌고 지금도 끊임없이 진화하고 있다[15]. 또한, 수록 대상에 대한 가치 판단을 최대한 내리지 않는 거시 구조와 다양해진 미시 구조, 이론적으로는 무제한의 확장성, 여러 가지 편찬 지원 자동화 도구 등 현대 기술언어학, 사전

---

[15] 이분들의 업적과 헌신, 참여가 없었다면 절대 불가능하였을 일이다. 4년에 걸친 담당자로서 이 자리를 빌려 다시 한번 깊이 감사드리는 바이다. 또한, 각종 편찬 지원 도구의 개발이 가능하게 해주신 자연언어처리 및 정보통신공학자 여러분들에게도 마찬가지의 마음이다.

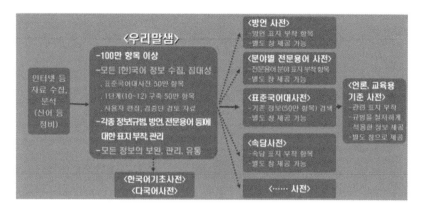

[그림 24] '우리말샘'의 발전 방향

편찬학, 자연언어처리, 정보통신공학이 한데 어우러진 신개념 사전이니만큼 앞날에 대한 국민들의 기대가 큰 줄 안다. 항상 최선을 다해서 업무에 임하는 것 외에는 이런 기대에 달리 부응할 방법이 없을 것이다.

2016년 10월 5일 개통한 '우리말샘'의 구축은 아직 현재 진행형이다. 개통한 이후 운영이 안정되기까지는 시범 서비스로 운영되어야 하기도 하고, 또 실시간으로 변모하는 사전이기 때문에 영원한 현재 진행형 사전일 것이다. 그러나 진정한 살아 있는 사전이려면 일반 혹은 전문 회원의 건전하면서도 진지한 집필 참여가 필요불가결하다. 특히 이전 시기의 미등재어들을 발굴하여 싣는 것이 국어 유산 관점에서 매우 중요한데, 이러한 점에서 뜻있는 전문가들의 참여가 절실하다. 이러한 참여를 어떻게 이끌어내느냐가 가장 중요한 과제로 보인다. 이러한 참여로 콘텐츠가 견실해지면 검색 이용자가 저절로 많아질 것이기 때문이다.

콘텐츠의 신뢰성은 사용자 참여뿐 아니라 전문가 및 국어원의 감수에도 책임이 있게 된다. 따라서 감수 전문가들의 확보와 시기적절한 감수도 대단히 중요한 성패 요인이 될 것이다.

'우리말샘'의 콘텐츠에 대해서는 국립국어원이 직접 구축한 것에 대해서도 따로 저작권을 설정하지 않으므로 누구나 마음대로 가공하여 다른 콘텐츠로 엮어낼 수 있다. 단적인 예를 들어 [그림 24]에서처럼 분야별 사전이 편찬될 수 있고, 다중 매체 등을 이용한 각종 교육 자료도 만들어질 수 있다. 이러한 다양한 콘텐츠 생산의 기반이 되게 하여 사전 편찬 및 사용의 건설적 문화를 일구는 것, 인문학을 비롯한 각 전문 분야의 발전에 이바지하는 것 등이 이른바 개방형 한국어 지식 대사전인 '우리말샘'이 지향해야 할 방향으로 여겨진다. 앞으로 국어 전문가를 비롯한 국민들의 많은 관심과 참여, 질정을 바라면서 이 글을 마무리한다.

참고 문헌

국립국어연구원(2000), 「<표준국어대사전> 편찬 백서」, 국립국어연구원.

국립국어원(2009), 「개방형 한국어 지식 대사전 구축」, 국립국어원.

국립국어원(2015), 「2015년 개방형 한국어 지식 대사전 시스템 고도화 제안 요청서」, 국립국어원.

소강춘(2015), 「한국어 정보화의 현황과 과제」, 『광복 70돌 맞이 말글 정책의 회고와 전망 논문집』, 한글학회·국립국어원, 137-164.

이승재(2012), 「21세기형 사전 <개방형 한국어 지식 대사전>」, 『한국사전학』 20, 한국사전학회, 114-140.

조남호(1995), 「전산 자료 및 체제의 구축 활용」, 『새국어생활』 5(1), 국립국어연구원, 109-120.

조남호(2000), 「<표준국어대사전> 편찬 경과」, 『새국어생활』 10(1), 국립국어연구원, 5-23.

조남호(2015), 「사전 편찬의 회고와 전망」, 『광복 70돌맞이 말글 정책의 회고와 전망 논문집』, 한글학회·국립국어원, 123-135.

최혜원(2000), 「<표준국어대사전>의 특징」, 『새국어생활』 10(1), 국립국어연구원, 25-40.

2장

해외 디지털 사전의 현재와 미래

배연경(사전 연구자)

　지금 우리가 살고 있는 정보 세상은 하루가 다르게 급변하고 있다. 사전도 예외가 아니다. 전자사전이 종이사전을 압도적으로 뛰어넘어 사전의 보편적인 매체가 된 지는 이미 오래이며, 오늘날에는 기계가 사람의 영역을 대거 대체하며 사전의 지형을 급속도로 바꾸고 있는 실정이다. 사전이 전자화의 발걸음을 뗀 지는 이미 50년 전으로 거슬러 올라가지만, 이후로도 오랫동안 사전은 개별적인 연속성을 가지며 일정한 구조 체계를 유지해 왔다. 그러나 디지털 환경이 성숙하면서 개별 사전의 연속성은 깨어져 불연속적 단위의 정보로 분절화하였고 여타 디지털 정보에 병합하고 포섭되었다. 이 글은 디지털 환경 속에서 사전이 어떠한 방식으로 변화·발전해 왔으며, 앞으로의 사전은 어떠한 모습으로 변모할 수 있을지를 논의하는 데에 목적을 두고 있다.

1. 디지털 사전의 발전 배경

사전의 제작에 컴퓨터가 도입된 일은 50년 전으로 거슬러 올라간다. 1966년에 발간된 <랜덤하우스 영어사전(Random House Dictionary of English Language)>이 컴퓨터를 도입하여 제작된 최초의 사전으로 알려져 있는데, 이때 컴퓨터는 사전에 쓰일 원고를 정리하고 분류하는 데에 주로 사용되었다(Stein과 Urdang 1966). 교차 참조 항목을 확인하고 조판하는 데 쓰이는 정도의 제한적인 용도였지만, 컴퓨터가 도입된 이 시점 이후로 사전의 어휘 자료는 컴퓨터가 처리할 수 있는 데이터베이스로 서서히 인식되기 시작했다(Rundell과 Kilgarriff 2011). 1970년대 후반에는 기계 판독용 전자 문서 자료를 광범위하게 활용한 <롱맨 현대영어사전(Longman Dictionary of Contemporary English)>이 등장하였고, 1980년대에 들어서는 코퍼스 언어학의 발전에 힘입어 사전 편찬 난계가 아닌 어휘 정보 수집에서부터 전자적 어휘 정보가 활용되는 사전 편찬의 혁신이 이루어졌다. 1987년에 초판이 나온 <콜린스-코빌드 고급 학습자용 영어사전(Collins COBUILD English Dictionary for Advanced Learners)>이 바로 코퍼스 자료를 활용하여 제작된 최초의 사전이다. 1990년대에 이르러서는 사전 편집기를 비롯하여 각종 언어 통계 소프트웨어 프로그램이 개발되면서 사전 편찬의 전자화 과정은 가속화되고 그 내용도 크게 발전했다. 아울러 기계 판독용이 아닌 사전 사용자를 위한 전자사전이 출시되면서(한 예로 1979년에 일본의 샤프전자에서 출시한 '포켓 전역기(ポケット電譯機)'를 들 수 있다), 일본을 중심으로 휴대용 단말기에 탑재된 전자사전이 빠른 속도로 보급되었다. 아울러 개인용 컴퓨터에 저장하여 이용할 수 있는 여러 형태의 전자사전이 등장하여 사전 편찬 과정에서뿐만 아니라 사전 사용의 측면에서도 전자화가 본격화한 것이 1990년대의 현상이었다.

　21세기 들어서는 사전이 전자화를 넘어 디지털 콘텐츠로 본격적으로 전환되었다. 유럽입자연구소(CERN)가 월드와이드웹을 공개한 1993년 이후 몇 년 동안 사전의 디지털화를 체감할 만한 가시적인 변화는 미미했다. 21세기를 코앞에 둔 1998년까지도 인터넷 사전은 전 세계에 통틀어 400종에 불과했으며(Li 1998), 당시만 해도 전자사전은 휴대용 단말기나 시디롬과 같은 저장 장치에 탑재된 '전자적 형태의' 사전을 지칭하는 것이었다. 그러나 2000년대 초반을 지나면서 위키 소프트웨어의 등장 및 이동 통신의 급속한 발전으로 인해 사전을 둘러싼 풍경이 해가 다르게 바뀌었다. 지식 공유 서비스와 오픈 소스 소프트웨어가 급속히 퍼지면서 정보의 사용자와 생산자의 구분이 모호해졌다. 또 이동 통신 인프라가 확립되면서 사전은 전자수첩과 피시를 거쳐 스마트폰으로 자리를 옮겼다. 백과 정보 및 전문 용어 정보와 마찬가지로, 인터넷상에서 어휘 정보의 형태와 내용은 정보 이용자에게 별개의 단위로 인식되기보다는 다른 출처의 정보들과 섞이면서 '검색의 결과'로 수렴되기 시작하였다(de Schryver 2012). 더불어 자연 언어 처리, 인공 지능, 빅 데이터, 웹 온톨로지와 같은 정보과학(information science)의 진보가 사전 편찬의 과정에 직·간접적으로 영향을 끼치면서 이윽고 컴퓨터는 사전 제작을 돕는 도구에 머물지 않고 사전 편찬의 주체로 급속히 자리바꿈을 하고 있다. 따라서 디지털 사전이라고 하면 전자적 형태의 사전 일반을 통칭하기보다는 웹2.0 환경 이후부터 틀을 갖추기 시작한 디지털 콘텐츠로서의 사전 정보를 지칭하는 것으로 볼 수 있을 것이다.

　정보 네트워크 환경이 촉발한 사전의 디지털화는 그 속도가 나날이 빨라지고 그 양상도 점점 더 예측하기 힘들어지고 있다. 1998년 유럽사전학회(EURALEX)의 국제 학술 대회에서 그레펜슈테트(Grefenstette 1998:

25)는 "3000년도에도 사전 만드는 사람들이 있을까?(Will there be lexicographers in the year 3000?)"라며, 아무리 언어 통계 기술이 발전하여도 어휘의 의미를 분류하고 기술(記述)하는 일만은 최소한 앞으로 수백 년 동안은 사람의 몫으로 남아 있을 것이라고 전망하였는데, 그의 예측이 깨어지는 데는 불과 10년 남짓밖에 걸리지 않았다. 일례로 2012년도 유럽사전학회의 원탁 좌담의 주제가 "2020년에도 사전을 만드는 사람들이 존재할까?"였다는 사실만으로도 사전의 변화가 21세기를 전후하여 얼마나 급격한 물살을 탔는지를 우리는 짐작할 수 있다. 이제 사전 편찬 관계자들은 2020년 기술전환기(technological transformation stage)를 기점으로 뜻풀이나 용례 작성 등 그동안 인력에 의존하던 편찬의 영역이 대거 컴퓨터로 넘어갈 것으로 예상하고 있다. 더 나아가, 미래 사회의 기본적 얼개가 완료되는 시점인 2040년 무렵의 세기적 전환기(centennial mega-change)를 맞아서는 사전의 형태 자체가 지금과는 완전히 달라져 있을 것이라는 전망도 나오고 있다(Rundell 2012).

앞으로 사전이 어떠한 길을 걷게 될 것인지는 수십 년 앞은 물론이고 향후 십 년 내외를 범위로 잡더라도 정확히 예측하기가 쉽지 않다. 뿐만 아니라 현재 온라인 공간 여기저기서 이뤄지고 있는 사전의 변화들 가운데 무엇이 앞으로의 근본적인 혁신을 견인하는 큰 조류이고 무엇이 단기적인 실험이나 시도의 거품으로 꺼지게 될지도 섣불리 단정할 수 없다. 다만 우리는 여러 방향으로 경합하고 혼재하는 디지털 사전의 모델과 그 발전의 경향을 살펴 현재의 전반적인 흐름을 짚어 볼 수는 있을 것이다. 이 글에서는 사전 개발의 흐름에서 두드러지게 나타나는 변화의 패턴을 사전의 구조와 내용, 유형, 그리고 개발 주체의 측면에서 거시적으로 조망하고, 여기에 디지털 사전 개발 사례 일부를 연관 지어 소개하고자 한다.

2. 디지털 사전의 변화 양상

통상적으로 사전은 특정한 분류 기준에 따라 사전(辭典) 대 사전(事典), 뜻풀이 사전 대 관련어 사전, 의미 기술 사전 대 어휘 결합 사전, 단일어 사전 대 두 언어(또는 다언어) 사전, 일반 언어 사전 대 전문 용어 사전 등으로, 또 더러는 일반 모국어 화자용 사전 대 외국어 학습자용 사전 등으로 나뉠 수 있었다(Hartmann과 James 1998). 이러한 편의적인 분류법은 사전의 특정 기능 및 잠재적 사용자와 이에 따른 유형을 전제하고 이를 기준으로 사전의 내용과 구조를 갈래지어 보려는 접근법이라고 할 수 있다.

그런데 디지털 사전은 이러한 분류의 틀을 크게 흔들어 놓았다. 정태적 구조와 기능에 입각한 이분법적 분류 기준의 붕괴는 사전의 구조와 유형 및 내용, 그리고 편찬 주체의 차원을 막론하고 전방위로 일어나고 있다. 물론 이러한 대대적인 분절화와 해체는 사전 정보가 사전을 비롯한 다른 모든 디지털 정보와 서로 연결되고 융합되는 과정과 더불어, 그리고 제반 정보 기술의 발전과 보조를 맞추며 진행된 것이다. 그 흐름은 크게 사전 제작의 측면과 사전의 내용적 측면에서 두드러지게 나타난다. 다음의 [그림 1]은 사전 제작 주체 및 사전 구조와 내용이라는 측면에서 나타나는 변화의 양상을 요약하여 보여준다.

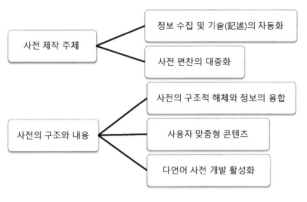

[그림 1] 디지털 사전의 변화 흐름

　사전 편찬에서 주체의 경계가 스러지는 현상은 '자동화'와 '대중화'라는 두 가지 핵심어로 요약할 수 있다. 전자는 사전 편찬 과정이 사람의 손에서 기계로 이행하는 현상을, 후자는 사전 편찬이 전문가의 영역에서 탈피하여 대중의 참여로 이동하는 현상을 일컫는다. 기존에 개별 단위로 분리되어 있던 사전들이 한데 합쳐지고, 전체 속의 부분이라는 정태적인 구조 관계 속에 얽혀 있던 사전 정보의 각 단위가 분절화하여 사용자의 필요와 맥락에 맞추어 재배열되는 현상은 '사전의 구조적 해체와 정보의 융합' 및 '사용자 맞춤형 콘텐츠'라는 핵심어로 수렴된다. 한편 각 언어의 어휘 정보가 상호 호환적인 메타데이터 체계 아래 정리되면서, 사전의 언어 재료들이 한두 언어에서 수십 개 언어로 확대되는 경향이 점점 강해지고 있다. 이런 현상은 '다언어 사전 개발 활성화'라는 핵심어로 요약할 수 있을 것이다.

　위 [그림 1]에서 간략히 제시한 다섯 가지 변화 양상은 순차적으로 진행되는 개별적인 현상이라기보다는 디지털 사전의 전반적인 변화를 다섯 가지 측면에서 살핀다는 취지로 해석되는 것이 타당할 것이다. 예를 들어 현재 온라인상에서 증가 일로에 있는 다언어 사전 사이트 가운데 상당수는 세계 각지의 일반인들이 참여하여 만들어지는 민간 주도형 사전들이다. 즉 '다언어 사전 개발의 활성화'는 '사전 편찬의 대중화'와 맞물려 있는 현상인 것이다. 마찬가지로 각기 다른 출처의 사전 정보들이 단순한 조합이나 상호 참조를 넘어 상호 융합되는 현상은 '정보 수집 및 기술'의 자동화가 진척되면서 비로소 현실화했다고 볼 수 있다. 이어지는 절에서는 위의 다섯 가지 디지털 사전의 변화 양상을 하나하나 살펴볼 것이다.

2.1. 정보 수집 및 기술의 자동화

사전 편찬 과정의 자동화는 1980년대의 코퍼스 도입을 시작으로 그 가능성의 범위를 시시각각 넓히고 있다. 컴퓨터와 인간의 협업으로 진행되는 사전 편찬의 과정은 대략 1) 사전의 기능과 목적에 따른 레마(lemma) 추출, 2) 특정 레마에 대한 코퍼스 자료 인출, 3) 클러스터 분석, 4) 이에 따른 의미 및 결합 자질 분류, 5) 사전 정보의 기술(뜻풀이, 용례, 화용 정보 작성 등), 6) 기술된 정보의 제시 단계로 나눌 수 있는데, 이 가운데 1, 2, 3, 6단계는 컴퓨터에 의해, 그리고 4단계와 5단계는 인간에 의해 이루어지는 것이 통상적이었다. 다시 말해, 사전 편찬의 많은 영역이 수십 년에 걸쳐 기계로 넘어갔지만 의미를 분류하고 기술하는 작업은 여전히 인간의 역할로 남아 있는 것이 지금까지의 추세였다고 볼 수 있다. 그런데 앞으로 진행될 사전 편찬의 전산화는 기존의 인간-기계 협업의 차원을 넘어설 것으로 보인다. 의미 영역에까지 '자동화'가 가능해지는 시점이 눈앞에 다가오고 있는 것이다.

영어에 국한하여 보자면, 형태소와 품사 추출은 WebBootCat 프로그램 등이 개발되면서 2000년대 초반에 이미 안정적으로 자동화하였다. 이어 지텍스(GDEX)와 같은 프로그램이 도입되어 연어의 수집과 추출도 상당 부분 자동화하였다(Rundell과 Kilgarriff 2011). <맥밀란 고급 학습자 영

어사전(Macmillan English Dictionary for Advanced Learners, 2007)>은 연어 추출기 GDEX를 이용하여 편찬된 대표적인 사전으로, 8,000개의 연어에 대한 용례를 기계가 작성한 것으로 알려져 있다.

신어는 물론이고, 기존의 어휘에 새로운 뜻이 추가되는 어휘 변천도 이제는 어느 정도 기계적으로 가능해졌다. 그 예의 하나로 에린 매킨(Erin McKean)이 2011년 전자사전학회(e-lexicography congress)에서 언급한 사전 편찬 로봇(dictionary droid)의 활용을 들 수 있다. 현재 신어 레마 추출은 자동화된 프로세스를 이용할 수 있지만 이미 존재하는 어휘에 새로운 의미가 생성되는 경우는(예: tweet, cougar, toxic) 기계적으로 추적하는 것이 쉽지 않다. 그러나 이 문제는 곧 해결될 수 있을 것으로 전망된다. 특정 어휘의 의미는 그 어휘를 둘러싼 다른 어휘들과의 연관 속에서 드러나므로 종래의 연어, 분야 및 문법 패턴과 동떨어진 사용이 발견된다면 그 어휘의 의미가 달라졌음을 감지할 수 있다는 점에 착안한 것이다. 따라서 컴퓨터가 이러한 자료를 감지하여 제시했을 때 사전 편찬자가 분석하여 새로운 의미를 추가하는 것이 용이해질 것이다. 사전 편찬 로봇은 바로 그 점에 착안하여 만들어진 기술이다. 이름에서 알 수 있듯이 이것은 일종의 웹크롤러로서, 수많은 웹사이트 링크를 따라다니면서 문서를 수집하는 과정에서 특정 레마의 결합 패턴이 기존의 패턴과 어긋난 경우를 감지한다. 아직은 이 기법이 시험 단계에 머물러 있지만 머지않은 장래에 널리 사용될 가능성이 크다.

사전 편찬에서 가장 노동 집약적인 과정은 뜻풀이와 용례 작성일 것이다. 사전 편찬 단계에서 가장 '인간적인' 영역으로 남아 있는 용례와 뜻풀이 작성 역시 점차 기계로 넘어갈 것으로 보인다. 용례 작성의 경우, 기계가 문장의 길이와 복잡성, 주변 어휘의 빈도, 고유 명사의 포함 유무, 대명사 수와 같은 검색 필터를 적용하고 각각의 채택 기준에 가중치를 부여하여 후보 용례들을 자동적으로 걸러낸 다음, 편찬자가 가장 적절한 용례를 선택하는 방식으로 사람과 기계의 협업이 이뤄지고 있다. 뜻풀이의 경우는 어떤가? 앞서 언급한 사전 편찬 로봇을 활용하고 있는 워드니크 (wordnik.com)와 같은 일부 인터넷 사전은 웹 코퍼스에서 정의문과 비슷한 구조를 취하는 대목(예: ** refers to~, ** means~, when you **, you ~) 등을 찾아내어 표제어의 뜻풀이를 대신하려는 시도를 이미 하고 있다. 많은 신어들은 이 같은 과정을 통해서 상당 부분 뜻풀이에 해당하는 정보를 얻을 수 있다.

이같이 데이터마이닝 기법을 이용하여 뜻풀이 작성을 자동화하는 것이 하나의 흐름이라면, 또 다른 흐름으로 아예 전통적인 뜻풀이 기술 방식을 버리고 인용구 추출 방식으로 의미 기술을 대신하려는 추세도 있다. 인용구 추출 방식에 의한 뜻풀이는 특정 레마의 의미를 명시적으로 분류하여 제시하는 것이 아니라 해당 레마가 다른 어휘와 결합하는 표층 구조를 분석한 결과를 묶어서 제시하는 방식이다. 사실 특정 레마의 의미가 마치 그 레마에 내재적으로 귀속된 것인 양 의미 목록을 만들어 제시하는 전통적인 사전의 표제항 구조에 대해서는 그간 사전학계에서도 비판이 적지 않았다(Hanks 2000). 워드니크는 정의문 항목은 기존 사전 정보에서, 용례 항목은 웹의 원시 코퍼스에서 추출하는데, 이 같은 흐름으로 보아 디지털 사전의 의미 기술의 접근법이 정의문에 의존하는 방식에서 인용구 추출 방식으로 급격히 이행하고 있으리라는 것을 미루어 짐작할 수 있다.

사전의 자동화 흐름은 앳킨스(Atkins, S.)와 런델(Rundell, M.)이 제시한 '데이터베이스-사전의 2단계 개발 모델'로 명확하게 드러난다(Atkins 와 Rundell 2008). 이것은 말 그대로 범용 어휘 데이터베이스 구축을 첫 단계로 삼고, 개별 사전 제품은 이를 기반으로 그때그때 필요한 기능과 유형에 따라 편집·가공하는 이원적 프로세스를 일컫는다. 이러한 과정이 가능할 뿐만 아니라 더욱 효율적인 것으로 이해되고 있는 데는 사전의 어휘 정보에 대한 사람의 수요 못지않게 기계의 수요가 큰 데다, 사전에 기술될 정보와 그 정보의 속성을 분리할 수 있는 다층적인 메타데이터 마크업이 정교해지고 있는 상황에 힘입은 바 크다.

사전 제작의 자동화와 더불어 이 같은 2단계 개발 방식은 앞으로 더욱 가속화할 것으로 보인다. 더 중요한 것은 자동화가 더욱 더 심화됨에 따라 1차 데이터-2차 사전 제작이라는 2단계 제작 모형조차 급속히 허물어질 수 있다는 사실이다. 부연하면, 1단계에 완성된 어휘 데이터가 사전 편찬이라는 별도의 인적 가공을 전혀 거치지 않고도 곧바로 기존의 사전과 다름없는 구성과 내용으로 변환 가능해지는 것이다. 이것이 현실화한다면, 어휘 데이터베이스가 사전을 위한 원재료인 것이 아니라 사전이 어휘 데이터베이스의 부수적 파생물이 되는 셈이다(Lew 2011).

이러한 현상은 학습자 사전 분야에서 이미 부분적으로 나타나고 있다. 다음 [그림 2]는 렉시컬 컴퓨팅 리미티드에서 운영하는 SkELL(스켈, Sketch Engine for Language Learning)의 화면이다(skell.sketchengine. co.uk). 렉시컬 컴퓨팅 리미티드는 사전 편찬용 코퍼스 관리 프로그램을 개발하는 영국의 회사인데, 이 회사에서 외국어 학습자를 위해 SkELL이라는 온라인 어휘 검색 사이트를 운영하고 있다. 이 사이트에서 tooth를 검색해 보았다.

[그림 2]에서 볼 수 있듯, SkELL의 화면 상단에는 검색한 단어의 용례(examples), 연어(word sketch), 관련어(similar words), 그 밖의 특징(more features)이라는 네 가지 메뉴를 제공하고 있는데, [그림 2]는 이중 tooth의 '연어(word sketch)' 정보를 검색한 결과를 보여 준다. Tooth를 중심으로 이와 결합하는 동사 및 형용사, 관용어 들이 품사에 따라 일목요연하게 제시되어 있다. 각각의 연어는 하이퍼링크가 되어 있어, 특정

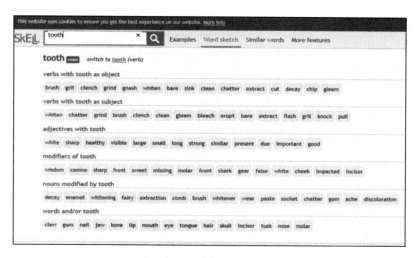

[그림 2] SkELL에서 tooth 검색 결과

연어(예: brush)를 클릭하면, to brush teeth가 나오는 코퍼스의 모든 예문을 선별하여 보여 준다. 홈페이지 상단의 메뉴에서 용례 메뉴를 클릭하면 tooth가 들어간 예문들이 사전의 용례처럼 정연하게 제시되어 있다. 메뉴에서 연관어 항목으로 이동하면 신체 부위의 명칭(예: body, arm, heart)이라든가 치아 관련 어휘(예: nail, surface, plate, hole), 치아와 밀접한 신체 부위 어휘(예: tongue, mouth, lip) 들이 분류되어 제시된다. 그런데 SkELL이 이 같은 어휘 정보를 추출하고 제시하는 전 과정은 자동으로 이뤄진다. [그림 2]에서 볼 수 있는 것처럼 SkELL은 사용자 친화적인 정보 제시 구조를 취하고 있어 뜻풀이 항목이 없다는 것만 제외하면 언뜻 보아 매우 잘 만들어진 학습자 사전과 구별되지 않는다. 그러나 이 '사전'에는 사전 편찬자가 전혀 개입하지 않았다. 앞으로는 점점 더 많은 코퍼스 데이터베이스들이 이와 같은 유사 사전의 형태를 취하며 대중에게 서비스될 것으로 전망된다.

2.2. 사전 편찬의 대중화

사전 편찬의 대중화란 사전 제작에 종사하지 않는 일반인이 사전의 정보를 함께 만들어 나가는 온라인상의 협업적 사전 편찬(collaborative lexicography 또는 crowdsourced dictionary)을 가리킨다. 사전 편찬에 대중의 도움이 보태어진 것이 21세기에 새롭게 등장한 현상은 아니다. 19세기 중반에 시작된 <옥스퍼드 영어사전(Oxford English Dictionary, 1857-1928)>에는 당시 각계각층의 사람들이 보내온 600만 개의 인용구가 들어있다고 한다. 그러나 웹2.0이 몰고 온 협업화의 양상은 과거와는 확실히 다르다. 사용자가 실시간으로 직접 데이터를 제공하고 서로 간에 공유할 수 있는 환경이 사전 편찬자의 고유 영역에 해당하던 작업의 경계를 허물어 놓았기 때문이다.

협업적 사전 편찬은 흔히 '개방형 사전(open dictionary)'이라는 말로 불린다. 개방형 사전은 개발 맥락과 의도가 천차만별이며 그 때문에 사용자가 기여하는 정도라든가 조작의 복잡성, 정보 수록에 대한 제약, 내용의 정확성 등에서 편차가 클 수밖에 없다. 개방형 사전은 크게 관 주도형과 민간 주도형으로 나뉘며, 민간 주도형 안에서도 특정 기업이 자신의 기존 사전 서비스에 개방형 메뉴를 일부 포함하는 방식과 사전의 내용이 대부분 개인 참여자가 제공한 정보로만 이루어진 경우까지, 사용자 참여의 정도에서 다양한 편차를 보인다. 관 주도형 개방형 사전의 대표적인 경우는 국립국어원의 <우리말샘>(opendict.korean.go.kr)을 들 수 있겠다. <우리말샘>은 관 주도형이면서 개방성의 정도가 제한적이고 정보 등재의 절차와 조작의 복잡성도 상당히 높은, 말하자면 상당히 폐쇄적인 개방형 사전으로 볼 수 있다. 한편 맥밀란 사(Macmillan dictionary)에서 운영하는 개방형 사전(macmillandictionary.com/opendictionary)은 기성 사전 기업이 자사의 온라인 사전 서비스에 사용자 참여형 기능을 제한적으로

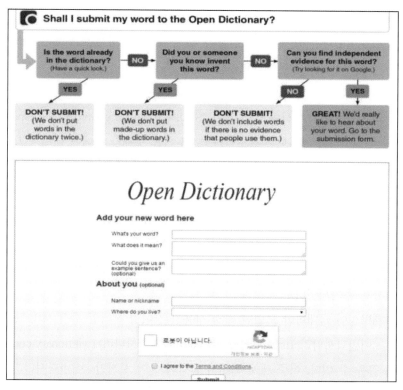

[그림 3] 맥밀란 사전(macmillandictionary.com)의 오픈 사전

포함한 사례로 볼 수 있다.

관 주도형이나 사전 기업의 개방형 사전은 정보의 정확성에 대한 기준이 높을 수밖에 없다. 따라서 이런 개방형 사전 모델은 사용자가 올린 콘텐츠가 여러 단계의 검증과 수정을 거치는 것이 보통이다. 그런데 그러자면 참여자가 콘텐츠를 올리는 과정에서 조작이 복잡해진다든지 자신이 올린 콘텐츠가 신속하게 등재되지 않는 등 피드백의 연결 고리가 만족스럽지 못할 위험이 있다. 맥밀란의 개방형 사전은 정보 입력 절차를 최대한 간단하게 만들어 정보를 등재하려는 사용자에게 참여에 따르는 부담

을 최소화하면서 이와 동시에 정보의 정확성을 높일 수 있는 간단한 시스템을 도입했다. [그림 3]은 맥밀란의 <오픈 사전>에서 "add a new word"라는 메뉴를 클릭했을 때 보이는 내용이다.

　[그림 3]에서 볼 수 있듯, 사용자가 새로운 단어를 등재하기에 앞서 간단한 '예/아니오' 형식의 확인 절차("Shall I submit my word to the Open Dictionary?")를 거치도록 유도한다. 그런 다음 등재할 단어에 대해서 2개의 필수 항목(표제어의 철자와 의미: "What's your word?" 및 "What does it mean?")과 1개의 선택 항목(예문: "Could you give us an example sentence?")을 요청한다. 이어서 참여자의 이름과 사는 지역을 확인하고 마지막으로 정보 제공 동의 여부를 표시하게 하는 것으로 모든 절차가 완료되는 간단한 구성을 취하고 있다(최근 "로봇이 아닙니다"라는 인증 절차가 추가되었다).

　개방성이 극대화한 모델인 완전 사용자 참여형 온라인 사전 서비스로는 <어번딕셔너리>(urbandictionary.com)와 <윅셔너리>(wiktionary.com)를 꼽을 수 있다. 이중 세계 최대의 온라인 속어 사전인 <어번딕셔너리>는 사전 개발의 주체와 내용이 디지털 시대를 맞아 어떻게 혁신적으로 바뀔 수 있는지를 보여주는 대표적인 사례라고 할 수 있을 것이다. 1998년, 당시 대학생이던 아론 페컴(Aaron Peckham)이 '전통적'인 언어 사전에 대한 패러디의 일환으로 개설한 <어번딕셔너리>는 2017년 현재 표제어 수가 700만을 훌쩍 넘는 세계 최대의 영어 속어 전문 사전으로 자리잡았다. 표제어의 등재 및 의미 기술은 100퍼센트 사용자 주도로 이뤄지며, 지메일(Gmail)이나 페이스북(Facebook) 계정이 있는 사람이면 누구나 쉽게 사이트에 글을 올릴 수 있다. 표제항을 중복하지 않는 것이 전통적인 사전 편찬 관행이지만, <어번딕셔너리>에서는 하나의 표제어에 대해 여러 개의 표제항이 올라와 경쟁하는 경우가 흔하다. 이미 등재된 표제항이라고 하더라도 참여자는 얼마든지 자신의 표제항을 올릴 수 있으며, 사용자들은 검색 결과에 대한 만족도를 '좋아요/싫어요' 버튼을 통해 표현할 수 있다. '좋아요/싫어요'의 누적 개수가 사용자 참여의 중요한 동기 부여책이자 정보의 질을 우회적으로 보여 주는 지표로 작용하는 것이다.

개방형 사전은 신어 및 전문 용어, 소수 언어, 방언 및 지역어의 수집과 기술에서 큰 잠재력을 갖고 있다. Benjamin(2015)에서 소개된 <카무시사전>(kamusi.org)은 자발적인 참여자들의 협업만으로 구축된 다언어 및 소수 언어 사전 사이트이다. <카무시사전>은 일종의 게임러닝 형식을 이용해 참여를 적극 유도하고 있다. 정보 등재 절차를 유연하게 만들어 표제어 철자와 같은 필수 입력 항목을 제외한 나머지 항목에 대해서는 참여자가 본인이 원하는(혹은 확실히 안다고 생각하는) 항목에 한해 기입할 수 있도록 하였다. 이렇게 참여자가 올린 정보는 실시간으로 공개되어 다른 참여자들이 정보를 추가하거나 제안하거나 평점을 매길 수 있다. 여기서도 커뮤니티의 피드백이 중요한 인센티브가 된다. 자금 조달의 어려움 등으로 이 프로젝트가 성공적으로 안착할 수 있을지는 좀 더 두고 보아야 할 듯하다.

완전 개방형 온라인 사전의 색다른 예로는 다언어 발음 정보를 제공하는 개방형 사전인 <포르보>(forvo.com)가 있다. <포르보>에 등재된 언어의 종류는 사어, 지역어, 방언을 포함하여 총 340여 개에 이른다. 물론 언어별로 등재된 표제어의 수는 천차만별이다. 영어나 중국어같이 10만 개 이상의 표제어가 등재된 언어들이 있는가 하면 만주어는 등재된 표제어가 단 2개에 불과하다. 고대 그리스어는 사어임에도 7만 개 이상의 표제어가 등재되어 있다. 참고로 2017년 6월 현재, 한국어는 5만여 개의 표제어가 등재되어 있었다. 등재 절차는 매우 간략하여 표제어의 음성 정보(참여자의 음성 녹음)와 최소한의 형태 정보(해당 언어의 철자 또는 로마자 표기)만 있으면 어떤 형태의 낱말이든지 등재할 수 있다. 또 참여자는 원할 경우 자신의 대략적인 지역 정보를 제공할 수 있다(예: 대한민국 서울). 이 사전은 등재할 어휘의 레마형에 대한 별도의 제약이 없기 때문에 '읽다'와 같은 동사의 원형과 '읽어 보세요'와 같은 용언 활용을 포함한 구 표현이 모두 동등하게 하나의 표제어로 취급된다. 이런 체제상의 비일관성은 개방성이 높은 사전일수록 두드러지게 나타나는 특징이다. 완성도나 균질성을 포기하는 대신 신속한 정보 접근성과 참여상의 편의를 우선시하여 참여율을 극대화하는 전략이라고 할 수 있다.

이러한 개방적, 협업적 사전 편찬에 대한 우려의 목소리도 없지는 않다. 온라인 어휘 정보의 최대 강점이 찾으려고 하는 단어에 대한 정보를 발견할 확률이 종이사전에 비할 수 없이 크다는 데에 있고, 이러한 장점은 협업적 사전 편찬 환경에서 극대화될 수 있을 것이다. 그럼에도 온라인 사전의 이용 만족도에 대한 대규모 조사(Müller-Spitzer 2014)에서 알 수 있듯, 사용자들은 어휘 정보의 질과 신뢰성을 가장 중요한 만족 요인으로 꼽고 있는데, 개방형 사전이 신뢰할 만한 정보를 제공할 수 있을지 일각에서 우려하는 것이다. 또 한편으로 사용자 참여형 환경이 특수한 사회 집단이나 이해관계가 첨예한 사안들에 정치적으로 이용될 위험이 있음을 경고하는 목소리도 나온다. 그러나 <위키피디아>를 비롯한 여러 개방형 지식 사이트의 전반적인 흐름으로 볼 때, 단일한 출처의 제한된 정보보다는 여러 출처의 경합하는 정보가 다수 제시될 경우 정보의 평균적인 질이 더 높아지는 집단 지성의 효과가 분명히 존재하며, 이는 개방형 어휘 사전이 효과적으로 운영될 경우 사전의 외연과 기능을 높일 수 있는 중요한 기회가 될 수 있음을 시사한다.

2.3. 사전의 구조적 해체와 정보의 융합

사전의 구조와 내용 면에서의 진화 발전 양상은 크게 '사전의 구조적 해체와 정보 간의 융합', 그리고 '사용자 맞춤형 사전'의 등장으로 설명할 수 있다. 앞선 장에서 언급했듯이, 과거 개별 사전 차원에서 일관되게 유지되었던 사전의 구조와 내용은 디지털 시대를 맞아 크게 흔들리고 있다. 이렇게 사전이 '헤쳐 모이는' 과정에서 생기는 역설적인 효과의 하나는, 사전이 실제 사용자 한 사람 한 사람의 구체적인 검색 패턴과 검색 욕구에 더욱 세심하게 부응할 수 있는 가능성을 열었다는 점이다.

사전의 구조적 해체와 융합은 전방위로 일어나고 있다. 사전들 간의 외형적 경계가 사라지고 하나의 검색 키워드 아래 통합하는 현상은 전자 사전 단말기가 보급된 시점부터 활발히 이루어져왔는데, 대표적인 것이 내장형 표제항(embedded entry)과 하이퍼링크 검색 필드의 확장 등과 같은 기능이다. 그러나 현재 온라인 사전의 정보 융합은 여기서 한발 더 나아간 것이다. 사전들의 정보 간 통합 양상은 크게 보아 1) 사전 조합 (dictionary sets) 방식, 2) 포털 사전(dictionary portal) 방식, 그리고 3) 사전 정보 수집 제시(dictionary content aggregator) 방식으로 나뉠 수 있다(Lew 2011).

이중 사전 조합 방식은 가장 오래된 사전 정보 융합의 형태로, 휴대용 전자사전 단말기와 개인용 데스크톱 컴퓨터가 크게 보급되었던 1990년대부터 있어 왔다. 수십 개의 언어 사전이 수록되어 사용자가 원하는 사전을 고를 수 있는 휴대용 전자사전 단말기라든가, 하나의 시디롬에 여러 개의 사전들을 한데 합친 시디롬 사전이 전통적인 사전 조합 방식을 적용한 예이다. 현재 온라인상에서의 사전 조합 방식은 특정 사전 회사가 자사의 사전 제품들을 하나의 온라인 사전 사이트에 병합해 제시하는 방식을 일컫게 되었다. 보통 이런 경우 각기 다른 사전 제품들에서 뽑은 정보가 표제어 단위로 통합되는데, 이렇게 표제항 내부에 서로 다른 출처의 사전 정보가 병합되어 제시되는 것을 가리켜 내장형 표제항이라고 한다. 조합형 사전의 사용자 인터페이스는 다양하여 페이지의 상단에 원하는 사전의 종류를 선택하는 방식과, 표제항 내부에 각기 다른 종류의 사전 정보가 병합 제시되는 방식(내장형 표제항), 이 둘을 조합한 방식 등 다양하다.

둘째로 사전 포털 방식은 구글이나 야후!와 같은 포털 서비스에서 제공하는 온라인 사전의 링크 서비스라고 볼 수 있다. 사전 조합 방식이 사전들의 정보를 한데 모아서 차려 놓은 방식이라면 포털 방식은 온라인 사전의 링크 주소를 사용자에게 안내하는 방식이다. 한국의 포털 사전 이용자들은 포털 사전이라고 하면 흔히 네이버나 다음의 사전 서비스를 떠올리게 마련이지만, 네이버나 다음의 서비스 형태는 사전 포털보다는 사전조합 방식에 가깝다. 사실 네이버나 다음과 같은 사전 서비스 모델은 특수한 한국적 맥락에서 개발된 독특한 유형의 서비스라고 할 수 있다(Bae 와 Nesi 2014). 야후!나 구글과 같은 포털은 여러 온라인 사전의 링크를 한데 모아 사용자가 특정 온라인 사전을 선택할 수 있도록 해 놓았을 뿐 네이버나 다음처럼 자체적으로 사전의 콘텐츠를 제휴하거나 제작하여 사용자에게 제공하지 않는다. 따라서 링크되어 있는 사이트가 폐쇄되었거나 원하는 정보를 제공하지 않는 경우를 통제할 수 없다.

국내에서 개발된, 야후!나 구글과 유사한 서비스로는 게리홈(garys-home.net)이 있는데, 이 사이트에서는 85개의 사전 링크를 제공하고 있다. 해외 온라인 포털 중에는 메미덱스(memidex.com)가 있다. 메미덱스는 검색한 단어에 대해 백과 정보와 의미 정보, 어원 정보 및 발음 정보를 섹션으로 나누고 그 각각에 대해 사전의 링크를 안내하는데, 단지 링크 주소만을 보여 주는 것이 아니라 해당 사전의 내용 역시 간략하게 보여주고 있기 때문에 다른 포털 사전의 링크 서비스에 비해 한결 사용자 친화적이라고 할 수 있다.

셋째로 사전 정보 수집 제시형(콘텐트 애그리게이터, content aggre-gator, CA)은 사전 간 정보의 융합이 가장 적극적으로 진척된 모델이다. CA 방식은 여러 종의 사전 정보를 한데 취합해서 하나의 웹사이트에 제공하는 방식이라는 측면에서는 사전 포털 서비스와 외형적으로 비슷해 보이지만 그렇게 한데 모인 정보를 처리하는 방식에서 사전 포털과 근본적인 차이를 보인다. CA는 사전 출처의 메타데이터는 유지한 채 수집한 사전 정보를 모두 통합한다. 이것이 불러오는 검색 기능상의 효과는 사전 조합이나 포털과 상당히 다르다. 사전 조합이나 포털 방식이 여전히 표제어를 중심으로 한 검색 결과를 보여주지만, 수집된 사전 정보를 하나의 데이터베이스로 묶는 CA 방식에서는 검색 쿼리를 표제어 차원에서 더 나아가 정의항의 내용으로까지 확장하는 것이 가능하다. CA 방식에서는 엔그램(n-gram) 분석을 통해 통상 사전의 좌측 핵구조(left core structure)에 제한되어 있던 검색이 우측 핵구조(right core structure)의 정보 내용에까지 확장되기 때문에, 사용자는 사전 거시 구조의 배열 방식에 구애됨없이 형태 정보나 내용 정보를 자유롭게 검색할 수 있게 되었다. 아울러 우측 핵구조의 핵심 요소인 뜻풀이에 대한 엔그램 검색이 가능해지면서 비슷한 개념적 연관성을 지니는 표제어들을 역으로 추출할 수 있다.

CA 방식으로 운영되는 온라인 사전의 대표적인 예가 바로 원룩(onelook.com)이다. 원룩은 현재 1,061종의 온라인 사전의 정보를 취합하여 제공하고 있는데, 메인 홈페이지에 목표어를 입력하면 이어지는 창에서 해당 어휘가 수록된 사전들의 출처와 각각의 사전들의 표제항 내용을 볼 수 있다. 여기까지는 포털 사전과 기능이 유사하다. 그런데 원룩은 통상적인 표제어 검색 말고도 역순 검색(reverse search)이 가능하다. 위에서 언급한 것처럼 원룩에서는 제휴한 천여 종 사전 콘텐츠에 대해서 엔그램 분석이 가능하기 때문에 사용자가 특정 표제어가 아닌 개념어로 쿼리를 요청했을 때 그것과 가장 유사한 결합 구조를 가진 뜻풀이들을 걸러내어 이에 해당하는 표제어를 제시하는 역검색을 수행한다. 예를 들어 원룩의 "reverse dictionary" 메뉴에서 검색창에 "walk"과 "water"를 입력한 뒤 "동사(verb)"로 범위를 제한하면 다음 [그림 4]와 같은 검색 결과가 나타난다.

[그림 4] 원룩의 "walk, water" 검색 결과.

[그림 4]에서 보이듯이 wade(얕은 물이나 진창을 건너다); slosh, paddle(물에서 첨벙거리다); dock(부두에 배를 대다); submerge(잠수하다); ford(걸어서/차로 얕은 내를 가로지르다) 등의 동사 표제어 목록이 하이퍼링크로 처리되어 제시되며, 해당 링크를 열면 사전별로 표제항 정

보를 읽을 수 있다. 역순 검색은 결합 형태의 표층적인 일치 정도를 기준으로 하였으므로 검색 결과에는 목표 어휘뿐만 아니라 그것과 개념적으로 부분적으로만 교집합을 이루거나 반의어 관계에 있는 연관 어휘들이 망라되어 나올 수 있다. 원룩 등에서 채택한 CA 방식은 사전의 우측 핵구조에 속해 있는 내용 정보(좌측 핵구조 속의 형식 정보에 대비되는)를 통합적으로 검색할 수 있으면서도 사전의 출처와 종류, 해당 사전의 표제어 수, 해당 표제항이 업데이트된 날짜 등을 식별할 수 있는 메타데이터를 분리하여 제시해 주고 있기 때문에 개별 사전 편찬 주체의 저작권을 명시하면서도 정보 간의 상호 연결성이라는 수요에 부응하는 사전 정보 융합 모델이라고 할 수 있다.

적게는 십여 종에서 많게는 천여 종에 이르는 사전 사이트를 모아 놓고 클릭 한 번으로 이들을 넘나들 수 있도록 한 사전 포털 서비스를 비롯해, 특정 사전 기준이 아닌 특정 표제어를 기준으로 여러 사전의 검색 결과를 통합하여 제시하는 온라인 사전 서비스는 사전을 개별적으로 구분 짓는 거대구조(mega-structure)의 경계를 허물어 놓았다. 표제어를 기준으로 여러 가지 사전적 정보와 사전 외적 정보가 한꺼번에 제시되거나 하이퍼링크를 통해 연결됨으로써, 즉 거대구조의 경계가 사라짐으로써, 자연히 사전의 거시 구조(macro-structure)의 구분도 모호해졌다.

거시 구조상의 경계 융합은 사전의 가장 오래되고 근본적인 구분마저 허물어 놓았다. 어휘를, 형태를 기준으로 자모순 배열(semasiological ordering) 원칙에 따라 정렬할 것이냐 개념을 기준으로 주제별 배열(onomasiological ordering) 원칙에 따라 정렬할 것이냐 하는 거시 구조상의 오랜 양자택일의 제약이 허물어진 것이다. 검색 과정에서 형태와 개념을 넘나들 수 있게 된 데에는 어휘 기술 형식의 표준화와 각종 어휘 통계 소프트웨어의 발달이라는 배경이 깔려 있다. 과거의 종이사전에서 표제항은 표제어라는 테마 아래에 구조적으로 종속된 하위 텍스트로 존재하였으나, 디지털 환경에서 표제항의 정보는 그 자체로 독립적인 정보 단위가 되고, 이들 단위가 상호적으로 표제어와 연결되는 구조를 취할 수 있게 되었다. 이로써 디지털 사전은 거시 구조와 미시 구조의 경계 또한 허물어뜨렸다.

2.4. 사용자 맞춤형 콘텐츠

전체 속의 부분으로서 비유동적이고 위계적으로 짜인 거시 구조와 미시 구조의 경계가 허물어지는 현상은 역설적으로 사용자의 필요와 사전의 기능에 맞게 사전이 거시 구조와 미시 구조를 재구조화하는 일이 용이해졌음을 의미하게 되었다. 제시 정보의 양적 측면은 물론이고 정보의 수준과 정보 제시의 구조 모두에서 맞춤식 구성이 가능해졌음을 나타낸다.

디지털 시대에 이르러 사전 정보의 저장 공간의 제약이 사실상 완전히 사라짐으로써 사전 개발상의 몇 가지 고질적 문제는 상당히 해소되었다. 그 하나가 신어의 등재이다. 이제 신어 등재는 사전 개발자들에게는 더 이상 문젯거리가 되지 않는다. 여전히 언어학자들에게는 신어의 지위를 결정하는 변수의 선별과 그들 간의 관계를 측정하는 문제가 중요한 연구의 주제가 될 수 있겠지만 말이다. 용례도 마찬가지로 공간의 제약에서 탈피하여 다다익선을 추구할 수 있게 되었다.

그러나 제시할 수 있는 정보량이 무제한이라는 점이 늘 바람직한 결과를 낳는 것은 아니다. 저장 공간의 무한 증폭과는 대조적으로 현재 디지털 사전은 제시 공간이 극도로 제한된 환경으로 옮겨 왔기 때문이다. 모바일 기기의 사용은 이미 데스크톱 피시 사용을 훌쩍 뛰어넘었다. 모바일 기기의 화면은 데스크톱은 물론이고 기존의 종이사전보다 훨씬 협소하기 때문에 사전 편찬자들은 제한된 공간에 최적화된 정보 제시 방식을 두고 고민하고 있다. 정보 제시 공간의 제약은 다의어 검색에 특히 취약한 것으로 나타난다. Zou, Xie와 Wang(2015)의 연구에 따르면, 다의어 어휘를 각각 종이사전과 모바일 사전에서 검색했을 때, 모바일 사전을 사용한 경우에서 그 어휘의 기억(학습)이 종이사전에 비해 현저히 떨어진 것으로 나타났다. 사전 검색이 주로 모바일 환경에서 이뤄짐에 따라 다의어 항목에서 목표 어의의 검색 성공률이나 검색한 어휘의 기억 및 학습과 같은 사용자 측면의 문제들이 향후 중요한 연구 및 개발의 주제로 떠오를 공산이 크다.

맞춤식 재구조화의 가장 기본적인 단계는 제시 정보의 양을 학습자 요구에 맞게 조정하는 것이다. <맥밀란 사전>의 우측 상단에는 '간략 보기(show less)'와 '상세 보기(show more)'라는 메뉴가 있다. 이를 클릭하면 사용자의 필요에 맞게 표제항의 정보를 간략하게, 또는 상세하게 조정할 수 있다. 이는 특히 표제항의 단위 정보량이 큰 다의어의 표제항에서 사용자의 목표 정보 검색 성공률을 현저히 높일 수 있을 것이다. 간략 보기와 상세 보기 기능은 현재 네이버나 다음과 같은 국내의 온라인 사전에서도 보편적으로 적용되는 기능이다.

표제항 정보의 양뿐 아니라 내용의 수준이나 정보 제시 순서의 우선순위 역시 사용자의 수요에 맞게 조정할 수 있다. 이와 관련하여 디지털 사전에서 '사용자 지정형(user-adaptable)'과 '사용자 적응형(user-adaptive)' 모델이 서로 경쟁하고 있는 흐름을 읽을 수 있다. 이 두 방식은 모두 사용자 프로파일에 입각해 해당 사용자에게 가장 적합한 사전 정보 내용과 수준을 필터링하고 또 그에 적합한 제시 구조를 취한다는 목적하에 개발이 진행 중이다.

우선 이러한 두 모델이 등장한 데는 웹 사전의 등장과 더불어 사전 편찬자가 로그 파일을 수집하거나 직접적인 사용자 피드백을 받을 수 있게 되었다는 배경이 자리잡고 있다. 로그 파일을 수집하고 분석하면 우리는 다음과 같은 사용 정보를 쉽게 얻을 수 있다.

- 시간/주/월/연 단위로 다양한 시계열에 따른 액세스 횟수를 알 수 있다.
- 나라별로 어떠한 표제어를 검색했는지 알 수 있다.
- 어떤 검색어가 얼마만큼 자주 검색되었는지 알 수 있다.
- 방문자의 서버와 방문 시간 등을 알 수 있다.

로그 파일을 분석하여 검색된 표제어를 추출해 보면 등재되지 못한 신어들을 확인할 수 있을 것이다. 그뿐만 아니라 자주 검색 대상에 오르는 잘못된 철자나 비표준어, 검색에 자주 오르는 굴절어형, 해당 언어에 존재하지 않는데도 검색에 오르는 단어 등을 확인할 수 있을 것이다. 이는 개발자에게 사전의 정보를 개선하고 사용자 편의에 맞게 수정하는 데 유용하게 쓰일 수 있다.

그러나 로그 파일 분석은 매우 피상적이고 표면적인 데이터에 불과한 것으로 드러났다. 우선, 표제어를 넘어서는 사용자의 검색 욕구의 구체적인 내용을 알 수 없다. 일단 표제항 내부로 세션이 이동한 다음에는 사용자가 주로 어떤 정보에 눈길을 두는지, 검색은 성공했는지, 정보의 내용은 충분히 만족스러웠는지 하는 것과 같은 질적으로 유의미한 정보는 알 수 없는 것이다(Verlinde와 Binon 2010). 로그 파일 분석의 또 다른 한계는 90퍼센트 이상의 검색이 인간 사용자가 아닌 웹크롤러나 웹스파이더와 같은 검색 로봇에 의한 것이라는 사실이다.

로그 파일의 이러한 한계를 극복하고 사용자 편의에 맞는 정보를 제공하기 위해 우선 기획된 것이 '사용자 지정형 모델'이다. 사용자 지정형 모델이란 사용자가 사전의 제시 정보의 범위와 내용을 스스로의 필요에 맞게 설정할 수 있는 기능을 말한다. 사용자는 특정 온라인 사전 서비스에 등록하는 시점에 직접 자신의 특성과 수요를 밝힐 수도 있고, 특정 어휘를 검색하는 단계에서 상세한 검색 조건을 지정함으로써 사전이 자신의 수요에 상응하는 정보 내용과 구조를 제시하도록 유도할 수 있다. 후자를 가리켜 '과업 서술형(task description)' 방식이라고 하는데, 이런 검색 모델에서는 사용자가 검색 초기에 표제어에 대해 원하는 정보(예: 의미, 연어, 문법 등)와 자신의 과업 맥락(예: 해당 언어 읽기, 쓰기, 번역 등)을 지정하고 이에 따른 최적의 정보를 요청하게끔 되어 있다. Verlinde 와 Binon이 주축이 되어 개발한 벨기에의 <프랑스어 기초사전>(La Base Lexicale du Français, 현재는 사이트 폐쇄)이 과업 서술형 검색 모델을 시험하였다.

사용자 지정형 방식은 사전 사용자 입장에서는 자신의 검색 욕구에 들어맞는 정보를 얻을 수 있다는 기능적 이점이 있고, 사전 편찬자 입장에서는 로그 파일의 피상적 데이터와는 달리 사전 사용의 동기와 욕구를 정확히 파악할 수 있다는 이점이 있다. 그러나 이 방식은 사용자 편의성 측면에서 문제가 있다. 사전은 별도의 언어 활동을 수행하다가 특정 어휘에 대한 정보 욕구를 느껴 이용하게 되는 참조 도구인데, 사용자들에게 검색 단계 전에 자세한 검색 욕구를 스스로 분석하여 그에 걸맞은 인터페이스를 지정하도록 요구하는 절차가 상당히 복잡하고 불편할 수 있는 것이다. 또 의도와는 달리 이 같은 인터페이스로도 사용자 욕구는 정확히 측정하기가 쉽지 않은 것으로 드러났다. Trap-Jensen (2010)의 보고에 따르면 실제로 사용자가 '자신이 무슨 정보를 어떤 상황에서 원하는지'를 콕 짚어 인식하지 못하는 경우가 대부분이라는 것이다.

이러한 한계에 대한 대안으로 제시되는 것이 '사용자 적응형 모델'이다. 이것은 온라인 쇼핑몰이나 검색 엔진에서 흔히 활용되고 있는 적응형 하이퍼미디어(adapative hypermedia)와 유사하다. 즉 사용자의 사용 행태를 지속적으로 분석하여 해당 사용자의 검색 패턴(예: 검색하는 단어의 영역, 표현 목적의 정보 검색의 빈도, 발음 정보 검색 빈도 등등)을 파악하고, 이에 맞춰 사전의 내용과 제시 정보의 우선 순위를 조정함으로써 최적화한 기능을 구현할 수 있다는 것이다. 이 모델은, 앞서 말한 로그 파일 분석 기법의 한계로 인해 아직까지는 본격적으로 현실화되지 못했지만, 특수 목적의 전문분야 사전에서 개발 모형이 활발히 나오고 있다. 대표적인 예가 Kwary(2012)가 진행하고 있는 인도네시아 재무 전공자를 위한 <재무 전문 사전(Dictionary of Finance for Indonesian Learners)>이다. 일반 언어사전과는 달리 제한된 특수 사용자층이 이용하는 특수 목적 사전은 표제어 검색 행태를 추적하는 것만으로도 상당히 유의미한 사용자 정보를 얻을 수 있다. 예컨대 검색 순위 상위에 오른 단어들이 난이도 높은 전문 용어인지 아니면 비교적 평이한 전문 용어들인지를 확인해 봄으로써 사용자의 전문 분야 지식을 추정할 수 있고, 그에 맞춰 표제항의 난이도를 선택적으로 제시할 수 있다. 또 전문분야 사전은 고정 사용자층의 비율이 높으며 사전의 기능도 제한적이므로 로그 파일을 통한 프로파일과 더불어 등록 시 사용자 정보를 유용하게 활용할 수 있는 이점이 있다. 만일 사용자의 사전 사용 행태가 시간이 흐름에 따라 변화한다면, 적응형 모델은 다시금 이에 맞춰 제시 정보의 방식을 바꾸게 된다. 현재로서는 적응형 모델을 개발하는 데 필요한 기술적 난관이 크지만, 지정형 모델보다는 적응형 모델이 가까운 미래에 현실화할 가능성이 훨씬 커 보인다.

사용자 지정형 모델이든 적응형 모델이든 이것이 최적의 기능적인 구조와 내용을 갖추기 위해서는 사전 데이터의 마크업이 얼마나 일관되고 효율적으로 이뤄졌느냐가 관건이다. 특정 사전 콘텐츠의 사용자 특성에 대한 면밀한 분석을 바탕으로 사전의 정보 내용을 세분화하고 이에 대해 일관된 속성을 부여함으로써 디지털 사전은 사용자의 필요와 행동 특성에 실시간으로 대응하는 유연한 구조 체계를 갖출 수 있다(Bothma 2011).

2.5. 다언어 사전 개발 활성화

가장 최근에 눈에 띄는 현상으로는 다언어 사전 개발의 활성화를 들수 있다. 다언어 온라인 사전은 인공 지능에 의한 다언어 번역이라는 시대적 필요와 맞물려 사전 제작의 자동화와 대중화, 그리고 사전의 구조적 해체와 융합이 한데 어우러지며 극대화된 경향이라고 할 수 있다. 앞서 2.1장에서 서술한 데이터베이스와 사전의 2단계 개발 방식에서 어휘 데이터베이스는 레마형을 기준으로 한 위계적 구조를 취하는 대신 '의미'를 기준으로 하여 그 의미에 대한 언어 형태가 하나의 쌍을 이루는 방식을 취할 수 있다. 이때 모든 '의미-형태'쌍 하나하나에 절대 주소(URI)를 부여해 독립된 단위(node)로 만들고, 그와 같은 방식으로 절대 주소가 부여된 다른 노드들과의 관계를 속성(attribute)으로 연결하는, 이른바 기호 중심이 아닌 의미 중심의 네트워크를 취할 수 있다. 이는 사전이 3천 년이상 속박되어 왔던 거시 구조와 미시 구조상의 경직성을 깨고 자모순 배열과 의미별 배열을 넘나들면서 재구조화할 수 있는 기반을 만들어줄 뿐만 아니라 특정 의미를 기반으로 세계 모든 언어의 형태를 연결 지을수 있는 수평적 구조의 어휘망을 구축하는 것을 가능케 한다. 한편 콘텐트 애그리게이터 기술은 기존에 구축된 온라인 사전들의 정보를 병합하고 재구조화하는 것을 가능케 한다. 따라서 이러한 기술적인 기반을 바탕으로 할 때 과거와는 비교할 수 없는 속도와 효율로 전 세계 모든 언어가 연결되는 어휘망을 구축하는 것이 가능해진 것이다.

현재 전 세계적으로 다언어 어휘망 구축 사업이 활발히 진행되고 있다.

다국어 어휘망 구축에 사활이 걸린 유럽 연합을 중심으로(예: LIDER project: liderproject-eu) 이 같은 움직임은 특히 활발하다. 영어 단일어 학습자 사전 데이터의 주요 수출 기업인 이스라엘의 커너만(Kernerman) 사는 40여 개 언어의 어휘망(kdictionaries-online.com)을 구축하고 있으며, 옥스퍼드대학출판사(Oxford University Press)에서도 100여 개 언어의 다국어 어휘망을 링크트 데이터를 기반으로 하여 구축하는 중이다. 링크트 데이터를 기반으로 한 다언어 네트워크 사전의 형식은 아니지만 국내에서도 네이버 사전이 2019년 현재 39개 언어의 사전 정보를 제공하고 있으며, 2021년까지 15개 언어를 추가하여 54개 언어로 이루어진 국내 최대의 다언어 사전 정보를 서비스할 예정이다.

다언어 사전 개발 추세는 개방형 온라인 사전에서도 엿보인다. 앞서 개방형 다언어 발음 사전인 <포르보>가 발음 전문 사전이라면, <데피니션스>(definitions.net) 사전과 <프리랭>(freelang.net) 사전, <프럼랭귀지투랭귀지>(langtolang.com) 사전 및 <딕셔너리스트>(dictionarist.com) 사전은 개방형 다언어 일반 사전으로 개발되었다. 이중 <데피니션스>는 <원룩> 사전과 마찬가지로 CA 기술을 활용하여 우측 핵 검색이 가능하며 <프리랭> 사전은 일반 참여자의 텍스트 번역도 제한된 글자 수 이내에서 무료로 서비스하고 있다. 특히 <프리랭> 사전은 사용자가 번역을 원하는 목표어와 번역해야 할 출발어를 지정하고 해당 번역이 가능한 번역자 풀에서 특정 번역자를 지정하여 일대일로 번역을 의뢰할 수 있다. 한편 <딕셔너리스트> 사전은 TTS 서비스를 추가하여 다언어 표제어에 대한 발음 정보는 물론이고 모든 예문에 음성 읽기 지원을 하고 있다.

3. 맺음말

지금까지 우리는 디지털 환경의 사전의 현황과 관련하여 다섯 가지 측면, 즉 자동화, 대중화, 사전의 구조적 해체와 융합, 사용자 맞춤형 콘텐츠, 그리고 다언어 사전 개발이라는 측면에서 살펴보았다.

이 글에서 미처 다루지 못한, 아울러 논의되어야 할 몇 가지 주제들이 남아 있다. 지금까지의 변화 추세를 따를 때 사전 편찬 사업이 어떠한 방향으로 수익과 고용을 창출할 수 있는지, 그리고 저작권과 재산권을 보호하면서 아울러 전 세계적 어휘-지식 네트워크에 사전이 어떻게 기여할 수 있는지 등과 같은 수익성 및 정보처리 상호 운영의 문제 역시 중요한 현안이다. 또 사전의 유통과 이용이 모바일 플랫폼으로 급격히 이동 중인 상황을 고려하면, 사전이 유통되고 이용되는 양상이 앞으로 어떻게 변화할 것인지와 같은 문제 역시 활발하게 논의되어야 할 것이다. 모바일 앱 사전의 기능과 이용 양상에 대해서는 황용운(2014) 및 Winestock과 Jeong(2014)과 Lew(2013) 등이 다루고 있으며, 격년으로 개최되는 전자 사전학회(e-Lexicography International Congress)에서도 디지털 사전을 둘러싼 다양한 논의가 활발히 이루어지고 있다. 더 나아가 사전보다 번역기가 전 세계적으로 더욱 활발히 이용될 가능성이 훨씬 커지는 지금의 추세를 감안할 때, 사전이 번역기와 맞물려 어떻게 가공되고 활용될 수 있는지도 앞으로 지켜보아야 할 중요한 사안이 될 것이다.

De Schryver(2012)는 지난 20여 년간 축적된 사전학 관련 텍스트 코퍼스에서 핵심 어휘의 빈도를 조사해 보니 21세기를 기점으로 사전 찾기(dictionary look-up)라는 말은 급격히 자취를 감추고 그 자리를 사전 검색(dictionary search)이라는 용어가 대신하고 있다고 하였다. 디지털 시대의 사전에 관해서라면 사용자(community), 협업(collaborative), 정보 접근(access), 멀티미디어(multimedia) 등이 상위 빈도를 차지할 듯하다. 그러나 무엇보다도 디지털 시대의 사전이 걸어온 노정이자 앞으로 나아 갈 진로는, 본고에서도 거듭 밝혔듯이, 해체와 융합이라는 키워드에 있지 않을까. 사전은 존속하기보다는 진화해야 할 것이다. 전체 속의 부분이라 는 오랜 구조의 제약에서 풀려나 정보와 정보가 이어지고 통합되는 연결 양상으로서의 구조를 모색하고 시도함으로써 우리는 사전을 21세기의 정 보 사회에 걸맞은 도구로 쇄신할 수 있을 것이다.

참고 문헌

황용운(2014), 「앱 사전의 특징 및 검색 방식 분석–영어 사전을 중심으로」, 『한국사전학』 24, 265-307.

Bae, S., & Nesi, H.(2014), Korean and English 'dictionary' questions: what does the public want to know?, *Lexicography ASIALEX 1*, 53-71.

Benjamin, M.(2015), Crowdsourcing microdata for cost-effective and reliable lexicography, In Lan, L., McKeown, J., & Liu, L. (Eds.), *Words, dictionaries and corpora: Innovations in reference science. Proceedings of ASIALEX 2015 Hong Kong*, pp. 213-221.

Bothma, T. J. D.(2011), Filtering and adapting data and information in an online environment in response to user needs, In Fuertes-Olivera, P. A., & Bergenholtz, H. (Eds.), *e-Lexicography: The Internet, digital initiatives and lexicography*, London: Continuum, pp. 71-102.

de Schryver, G-M.(2012), Trends in twenty-five years of academic lexicography, *International Journal of Lexicography 25*(4), 464-506.

Esposito, J.(2002), Dictionaries, another Netscape, *Kernermann Dictionary News*, Number 10.

Grefensgtette, G.(1998), The future of linguistics and lexicographers: will there be lexicographers in the year 3000?, In *Proceedings of the 8th Euralex Congress*, Liege, 25-41.

Hartmann, R. R. K., & James, G.(1998), *Dictionary of Lexicography*, London: Routledge.

Kwary, D. A.(2012), Adaptive hypermedia and user-oriented data for online dictionaries: A case study on an English dictionary of finance for Indonesian students, *International Journal of Lexicography 25*(1), 30-49.

Lew, R.(2011), Online dictionaries of English, In Fuertes-Olivera, P. A., & Bergenholtz, H. (Eds.), *e-Lexicography: The Internet, digital initiatives and lexicography,* London: Continuum, pp. 230-250.

Lew, R.(2013), From paper to electronic dictionaries: Evolving dictionary skills, In Kwary, D., Wulan, N., & Musyahada, L. (Eds.), *Lexicography and dictionaries in the information age. Selected papers from the 8th Asialex International Conference.* Bali, pp. 79-84.

Li, L.(2011), Neologisms: Challenge to EFL learning and EFL dictionaries, In Akasu, K., & Uchida, S. (Eds.), *Lexicography: Theoretical and Practical Perspectives: Proceedings of Asialex 2011 Kyoto*, pp. 303-312.

McArthur, T.(1998), *Worlds of Reference*, Cambridge: Cambridge University Press.

McKean, E.(2011), Wordnik: notes from an online dictionary project, In *Electronic lexicography in the 21st century: new applications for new users* (eLex 2011). Available online at http://videolectures.net/elex2011_mckean_notes/

Nesi, H.(2015), The demands of users and the publishing world: printed or online, free or paid for?, In Durkin, P. (Ed.), *The Oxford Handbook of Lexicography*, Oxford: Oxford University Press.

Qin, X.(2015), The crowdsourced compilation of the *China English Dictionary*, In Lan, L., McKeown, J., & Liu, L. (Eds.), *Words,* dictionaries and corpora: Innovations in reference science. *Proceedings of Asialex 2015 Hong Kong*, pp. 74-79.

Rundell, M.(2012), It works in practice but will it work in theory? 'The uneasy relationship between lexicography and matters theoretical', *Proceedings of the 15th EURALEX International Congress*, Oslo, pp. 47-92.

Rundell, M., & Kilgarriff, A.(2011), Automating the creation of dictionaries: Where will it all end?, In Meunier, F., de Cock, S., Gilguin, G., & M. Paquot (Eds.), *A Taste for Corpora: In Honour of Sylviane Granger*, Amsterdam: John Benjamins, pp. 257-282.

Trap-Jensen, L.(2010), One, two, many: cursomization and user profiles in Internet dictionaries, In *Proceedings of the 14th Euralex Congress*, Neeuwarden, pp. 1133-1143.

Verlinde, S., & Binon, J.(2010), Monitoring dictionary use in the electronic age, In Dykstra, A., & Schoonheim, T. (Eds.), *2010 Proceedings of the XIV EURALEX International Congress,* 6-10 July 2010, pp. 1144-1151.

Winestock, C., & Jeong, Y.-K.(2014), An Analysis of the smartphone dictionary app market, *Lexicography, Journal of Asialex 1*, 109-119.

Zou, D., Xie, H., & Wang, F.L.(2015), Comparing monolingual mobile dictionaries and paper dictionaries in the context of reading among Cantonese EFL learners in Hong Kong, In Lan, L., McKeown, J., & Liu, L. (Eds.), *Words, dictionaries and corpora: Innovations in reference science. Proceedings of Asialex 2015 Hong Kong*, pp. 507-512.

3장

웹 사전 서비스[1] 현황과 과제

- 백과사전형 지식 서비스[2]를 중심으로 -

장경식(한국백과사전연구소)

1. 머리말

이 글은 한국 사회에서 웹 기반으로 제공되고 있는 '백과사전형 지식 서비스'의 현황과 과제를 논의하기 위해 기획되었다. 한국과 세계의 '백

---

[1] '웹 사전 서비스'에 포함되는 대상은, 첫째, 인쇄본 사전이 웹 공간으로 이동해서 서비스되는 경우, 둘째, 웹의 특성을 살려 개발된 사전이나 유사 사전의 경우, 셋째, 생산자는 사전이라고 인식하지 않으나, 사용자에게는 웹 공간에서 사전으로 인식되는 정보 데이터의 경우가 될 것이다. 이 글에서는 아래에 적시한 것처럼, 그중에서 언어사전은 제외하고, 되도록 포괄적 사용자에게 광범위하고 유의미하게 사용되는 서비스를 중심으로 논의하려 한다.

[2] 웹에서 유의미하게 서비스되고 있는 현행의 서비스는 사실상 백과사전 또는 어떤 단일한 전문사전의 규모와 경계를 넘어선 것으로 보인다. 대표적인 포털 사이트인 네이버와 다음의 경우는 특히 그러하다. 단일 검색창에 검색어를 넣었을 경우, 사용자에게는 복수의 원본에서 검색된 해당 결과물이 제시되는데, 이 서비스를 '백과사전'이라는 한정적인 개념으로 지칭하기는 어렵다. 따라서, 검색창에 검색어를 넣어 일정한 지식 정보의 결과물을 보여주는 서비스를 통칭할 필요가 있으므로 이 글에서는 '백과사전형 지식 서비스'라고 부르기로 한다.

과사전형 지식 서비스'는 대체로 속성상 유사한 방법과 형태를 띠고 있으나, 그 구현과 효용은 나라와 언어권에 따라 많은 차이를 보여주고 있다.[3] 따라서 이들을 관통하는 보편적인 프레임에서 문제점이나 과제를 도출하는 일은 생각보다 쉬운 일이 아니다. 그럼에도 불구하고, 현실적으로 '백과사전형 지식 서비스'가 존재하는 가운데, 이를 통해 수많은 지식과 정보, 또는 데이터가 정보처리기술과 모바일 기술의 급격한 발달에 따라 자연발생적으로 생성·유통·소비되고 있으며, 드디어는 그 자체가 독자적인 정보 전달의 중요한 매체로 인정받기에 이른 상황이다. 플랫폼 운영자의 상업적 필요성, 사용자의 자발성 등 다양한 이유로 제공되기 시작한 '백과사전형 지식 서비스'가 획득한 의미의 중요성에 미루어 볼 때, 이제는 그 본질적 가치에 대해서 논의할 때가 되었음에 주목할 필요가 있다. 이 문제는 또한, 지식의 생산과 유통의 과정에 메타데이터로 관여하고 있는 담당자들에게는, 이 다종다양한 서비스들은 어디로 향하고 있으며, 이 서비스를 통해 과연 어떤 지식을 어떤 방식으로 제공해야 하는가의 관점에서 실무적으로도 긴급하게 요청되고 있는 질문이기도 하다.

이에 대한 구체적인 논의를 하기 전에, 웹이라는 열린 공간 위에서 생성되는 다양한 서비스의 유형에 대해 살펴볼 필요가 있다. 특히 한자는 다르지만 '사전'이라는 음가가 같고, 거시/미시 구조가 유사하여 전통적으로는 같은 유형으로 인식되어 왔던 언어사전과는 달리, 웹 공간 위에서 새로운 의미와 영토를 확보하기 시작한 백과사전[4], 전문사전, 또는 이와

---

[3] 예컨대 대표적인 백과사전형 지식 서비스의 하나라고 알려져 있는 위키피디어의 경우 2019년 3월 4일 기준 영어판은 5,817,505항목(이 글을 처음 썼던 2015년 7월 17일 대비 118.3%), 스웨덴어판은 3,752,274항목(190.4%), 베트남어 판은 1,203,502항목(105.8%), 일본어판은 1,141,846항목(117.2%), 중국어판은 1,047,810항목(126.1%), 한국어판은 447,936항목(139.5%)임을 보여주고 있다 (https://meta.wikimedia.org/ wiki/ List_of_Wikipedias/ko). 이 숫자는 인구, 경제력, 인터넷 기술의 수준, 컴퓨터의 보급률 그 어느 것과도 유의미한 상관관계를 찾아보기 어렵다.

4 전통적 의미의 '백과사전'은, '1. 일정한 독자를 대상으로 한 특정한 목적과 기획하에, 2. 제한된 편집자에 의해 항목이 엄격하게 선정되고, 3. 일정한 기준과 지침에 따라 편집되었으며, 4. 항목의 균형과 서술의 일관성을 유지하고, 5. 필자와 발간의 주체가 그 내용을 보증하는, 6. 오랜 역사를 통해 신뢰를 받아 온, 7. 대규모의 포괄적인 지식 정보의 집적물인, 8. 전통적 의미의 백과사전'을 말한다. 형태적으로는 인쇄본뿐 아니라 시디롬이나 디브이디 같은 디지털 매체에 탑재된 것과, 온라인 사전으로 개발되어 인터넷으로 접속해 사용할 수 있는 데이터 모두를 의미한다. 대표적인 유사 백과사전이라고 할 수 있는 '위키피디어'의 경우, 위 요건 가운데 3, 7은 '백과사전'과 유사하지만, 나머지 1, 2, 4, 5, 6, 8 항의 요건에 부합하지 않은 경우이다.

백과사전과 유사 백과사전의 궁극적 차이는 무엇인가에 대한 질문이 있을 수 있다. 왜냐하면 정보의 현재성이나 분량에서 분명 유사 백과사전이 전통적인 백과사전보다 우세해 보이는 경우가 있기 때문이다. 백과사전과 유사 백과사전의 경계는, 아마도 비평의 유무가 아닐까 한다. 백과사전은 기본적으로 편집자라는 지식의 비평가에 의해 지식의 의미와 경계와 형태가 규정되고, 그 비평의 기준과 관점에 따라 백과사전의 수준과 특성이 드러난다. 사용자는 그 필요성에 따라 백과사전을 선택하여 신뢰할 만한 지식과 정보를 획득한다. 이는 좋은 비평가이냐, 나쁜 비평가이냐 하는 문제와는 별개의 것이다.

유사 백과의 경우, 백과와 유사한 형태로 원고가 모여지고 전시되며 제공된다는 공통점은 있으나, 개별 원고에 대한 비평의 과정이 생략되어 있다. 실제로, 한국어판 위키피디어의 가장 첫 페이지에는 "위키백과는 내용의 확실성을 보증하지 않습니다. 위키백과 프로젝트의 호스팅을 제공하는 위키미디어 재단은 내용상 오류에 대해 어떠한 책임도 지지 않습니다. 개인 편집자가 자신의 기여에 책임을 져야 합니다."라고 공지되어 있는데, 이는 그 내용의 확실성에 대해, 비평의 단계가 결여되어 있음을 스스로 증거하는 것이라 할 수 있다(https://en.wikipedia.org/wiki/Main_Page).

문제는, 사전학과 사전 편찬학은 기본적으로 비평의 본질을 전제로 하고 있다는 점이다. 지식의 본질과 가치에 대한 비평이 실종될 경우, 그것은 비평 없는 창작, 비평 없는 대중음악과 같은 현상이 일어날 것이며, 그 결과 아마도 대중추수적인 경향이 가장 많이 나타날 것이다. 사전학/사전 편찬학의 관점은 현상의 분석이 아니라, 바람직한 방향의 모색이 본질일 터이다. 이 비평적 관점을 포기한다면, 사실상 집단 지성의 플랫폼이라는 기술적 토대에 모든 것을 의탁하는 것으로 사전에 대한 논의는 끝날 것이다. 백과사전은 마치 동물원이나 식물원 같은, 일정한 비평적 관점이 투영된 공간과 유사하다. 자연을 알기 위해서 자연 그 자체를 약육강식의 생태계 그대로 만나보는 것이 가장 이상적이라는 말을 부정할 수는 없지만, 그렇다고 해서 사자를 보여주기 위해 모든 어린아이를 아프리카 케냐 국립공원에 보낼 수는 없는 것이다. 그곳에 가서 모든 동물을 만나 보기도 어려울 뿐더러, 대단히 위험하기도 하기 때문이다. 반대로 동물원이라는 틀은 유지하지만, 관람자 마음대로 어떤 동물이든 기증하고 수용할 수 있다고 할 유사한 형태로 사용자에게 노출되는 서비스의 양상을 새삼 깊이 있게 조망해 볼 필요가 있다. 이 양상에 대한 진단과 과제의 도출을 위한 논의는, 일차적으로 사전 자체의 거시/미시 구조뿐 아니라, 당대 사회와의 관계에서 형성되는 가치의 문제와 연결되어 있다고 보인다. 따라서 이 글에서는, 학술논문이 아닌, 사전 비평의 관점에서 사전이 당대와 어떤 관계를 갖고 있으며, 그 존재의 의미를 어떻게 구체적으로 실현할 수 있는가를 탐색하고자 한다.

하트만은 그가 엮은 <사전편찬의 원리와 실제>에서, 사전 편찬학의 주요 양상을 세 가지로 나누고 있다. 첫째는 기록(recording)으로, 사전 편집의 기초를 이루는 어휘를 모으고 처리하는 활동이다. 여기에는 그 특성이나 규모를 결정하는 것을 포함하고 있다. 둘째는 기술(description)로, 수집한 자료에 대한 구조화와 배열의 계획 등을 말한다. 셋째는 제시(presentation)로, 계획된 바에 따라 타깃이 되는 대중의 요구를 다룰 수 있도록, 출판을 위해 그동안 작업해 온 자료를 준비하는 일이다. 하트만은 특히 이 진술의 다음에, "최근 경향에 따라 사전 편찬자의 작업상의 문제보다는 사전 사용자들의 잡다한 수요를 만족시켜야 한다는 요구에 주안점을 두고 있다"(하트만, 2008:3)고 말한다. 1983년에 작성된 이 서문에서 이미 하트만은 사전 편찬자의 입장보다 사용자의 효용에 주목하고 있음을 알 수 있다. 하트만은 같은 책의 본문에서 아래와 같이 진술하고 있다.

> 무엇을 위한 사전인가 하는 문제는 사전 편찬의 오랜 역사 속에서 여러
> 번 질문을 받아 왔던 것이다. 사무엘 존슨은 1747년 그러한 질문을 받고

경우, 사실상 개와 고양이로 넘쳐서 정작 동물의 다양성을 일목요연하게 관찰하기는 쉽지 않은 상황이 도래할 것이다. '가치'라는 목적이 상실될 경우, 사전의 미래도 이와 다르지 않을 것이다.

"사전 작업의 의의는 그 사전 이용에 의해 평가받아야 한다. 하나의 사전이 그 사전 사용자나 학습자를 가르치지 못한다면 그 사전은 비평가들을 만족시키기에 충분하지 못하다."라는 교훈적인 말을 남겼다.

1854년에 독일의 언어학자이자 문법학자인 사전편찬가 야콥 그림(Grimm)은 무엇을 위한 사전인가 하는 물음과 관련하여 사전은 모든 것을 포함하는 일반성에 따라서 크고도 포괄적인 목적이 주어져야 한다는 객관적이고 과학적인 태도를 견지했다(하트만, 2008:13).

하트만이 서문과 총론에 해당하는 제1장에서 사용자의 효용을 강조한 까닭은, 아마도 사전학과 사전 편찬 사이의 미묘한 경계, 즉 생산자가 생산자의 형식논리에 치중하다 보면 정작 사용자의 편의성이나 효용성이 간과될 우려가 있다고 보았기 때문일 것이다. 이 글에서는 그런 의미에서, 웹 이전의 인쇄본 사전, 특히 백과사전이나 전문사전이 당대 사회와의 관계에서 형성했던 일정한 효용에 주목하고, 그 의미를 '지식'의 여러 변화 양상과 관련해서 논구해 보고자 한다. 그간 웹 사전에 대해서는 거시구조, 미시 구조, 자료 집적 및 데이터 처리 기술 등 여러 단위에서 간간이 논의되어 온 바 있으나, 대개는 언어사전에 집중되어 있었을 뿐 백과사전이나 이와 비슷한 플랫폼에서 서비스되는 전문사전류에 대한 논의는 드문 편이다[5].

----

5 웹의 백과사전형 지식 서비스에 대한 선행연구로는 송병건 (2007), 「정보의 바다와 산업혁명 : 인터넷 백과사전류에 대한 비교검토」, 『영국연구』 통권 제17호, 정철 (2008), 「온라인 백과사전 만들기-다음백과 2007 개편을 중심으로 한 필드 스터디」, 『한국사전학』 제11호, 김창일 (2011), 「『한국민속대백과사전』웹서비스 구축 현황과 향후 전략 모색」, 『한국사전학』 제17호, 장경식 (2012), 「다중매체 시대의 백과사전」, 『한국사전학』 제19호, 윤은호(2012), 「집단지성 및 백과사전의 한계, 그리고 미래 : 한국어 위키백과와 집단지성 위키들을 중심으로」, 한국사전학회 학술대회 발표자료집, 2012. 2., 김창겸 (2013), 「『한국민족문화대백과사전』웹서비스의 현황과 발전방안」, 『동양학』제54집 등이 있다.

2. '지식' 개념의 이동

2.1. 백과사전과 지식

"예술 없이 아름다움에 대해 말할 수 있는가"라는 프랑스의 대학 입학 철학 시험인 바칼로레아의 한 문제는 그대로 "백과사전 없이 지식에 대해 말할 수 있는가"라는 질문의 은유일 수 있다. 즉, '예술'과 '아름다움'의 관계를 '백과사전'과 '지식'의 관계로 유비해 볼 수 있을 것이다.

아름다움에 대한 실천적 추구와 그 결과물을 우리는 보통 예술이라고 한다. 흔히 봄 길가에 만개한 벚꽃이나 바닷가에서 붉게 타오르는 저녁노을에서 아름다움을 느낄 때, 그 아름다움이 무엇인가를 논의하는 것이 미학이라면, 그 의미를 물성을 가진 실체로 바꾸는 과정이 예술이었을 터이다. 대상을 모방하는 데에서 예술의 의미를 찾아낸 것이 고전적인 아리스토텔레스의 모방론이었고, 모방론에서 표현론으로, 표현론에서 형식론으로, 형식론에서 제도론을 거쳐 다원론으로 예술의 의미가 이동하면서(김진엽·하선규, 2007:21-27), 아름다움에 대한 보편적 기준도 다양하게 진화해왔다. 이제 우리는 전통적 미학적 경험의 경계를 넘어서는 현대미술의 여러 다양한 시도에 대해서, 그 당위성과 개연성을 '보편적 감성으로' 느끼고 있다. 최근에 출판, 광고, 방송 등 거의 모든 매스 미디어에서 활용되고 있는 복고적 폰트, 어떤 의미에서 획의 불균형이 남아 있고, 소박하면서 심하게 보면 유치하기까지 한, 삼사십 년 전 이미 폐기되었던 차트와 간판 글씨들을 차용한 이 키치적 폰트들이 얀 치홀트의 근대 타이포그래픽 체계가 선도했던 근대적 폰트의 명료한 균형미를 제치고 새롭게 조명되고 있는 현상은, 미적 기준과 취향이 시대에 따라 지속적으로 변한다는 가장 최근의 사례가 될 것이다. 즉, 예술은 당대 '아름다움'의 귀납적 결과물이자 그것을 초월하는 미적 기준에 대한 간단없는 추구의 과정이면서, 동시에 '아름다움'을 규명하는 연역적 기준으로 인정받아 왔던 것이다.

　이러한 관계는 세상의 많은 데이터에서 가치 있는 정보를 모아 '지식'의 이름으로 묶어 편찬한 '백과사전'에 수록된 내용과 그 기준들이, 다시 세상의 여러 정보들의 가치를 판단하는 준거로 사용되는 형국과 유사하다. 미셸 푸코의 <말과 사물>(1966)에 수록된, 보르헤스의 책에서 인용한 중국 백과사전의 분류체계는, 비록 그것이 보르헤스의 상상력에서 비롯되었을지언정, 어느 한 사회의 지식이 그 사회의 무의식적인 구조에 의해 어떻게 갈무리되고 분류되며 기억되는지를 보여주는 한 증거이다. 근대 계몽주의를 이끌었던 드니 디드로가 <백과전서>(1750)에 당대 학문체계의 기본이었던 신학, 법학, 철학, 의학에 더하여 새롭게 나타났던 과학과 기술 항목들을 신학과 대등한 위상으로 다루었을 때, 이는 그 내용이 아니라 구조에 의하여 새로운 '지식'의 출현으로 표상되었던 것이다. 그 영향을 받아 스코틀랜드 에든버러에서 펴낸 <브리태니커 백과사전>(1768) 초판의 이름이 '브리태니커 백과사전: 새롭고 완벽한 예술 과학 사전'이었다는 사실은, 그 사이에 '예술'과 '과학'이 신학, 법학, 철학, 의학보다 더 가치가 있는 '최신 지식'으로 선호되기 시작했음을 보여준다. 즉, 백과사전은 지식의 귀납적 결과물이면서, 또한 연역적으로 지식의 생산과 재평가에 기여하는 네트워크의 한 중심이었던 것이다.

　따라서, '백과사전'에 대한 가치를 비평적으로 정리하자면 '지식은 무엇인가'에 대한 근본적인 질문을 다시 소환해야만 한다. 이는 곧 '웹의 백과사전형 지식 서비스'에 대한 비평적 기준이, '웹 기반의 지식 서비스가 보편화된 사회의 지식의 의미는 무엇이며, 어떤 효용을 가져야하는가'에서 출발해야 함을 의미한다.

2.2. 이 시대의 지식

데이비드 와인버거는 지식의 위상을 설명하면서 '데이터-정보-지식-지혜'의 체계[6]를 들고 있다(데이비드 와인버거, 2014:21-22). 와인버거의 진술이 아니더라도, 고전적 의미에서 세상에서 생성된 일차 데이터들 가운데, 지혜를 얻기 위해 걸러진 정보들이 지식이었고, 이를 일정한 기준에 따라 배열한 것이 백과사전의 오래된 원형이었다.

지식의 본질에 대한 질문은 수용자의 입장, 특히 유용성, 효용성과 관련이 될 것이다. 유용성, 효용성에 대하여는 또한 시간과 공간에 대한 투자와 효과의 측면에서 살펴볼 필요가 있다. 기존의 인쇄본에서 백과사전적 정보가 일정한 양과 질을 담보한, 필터링을 통해서 일정한 품질과 기준을 유지해야 할 필요가 있었던 까닭은 독자의 시간과 공간 물적 투자에 대한 보상이라고 생각하는 것에서 출발했다.[7] 사용자에게 주어지는 효용은 전통적으로 두 가지에 집중되었는데, '교육'과 '참조'였다.[8] 이 두 중요

....

[6] 일반적으로 데이터는 의미 분석이 되지 않은 기록, 정보는 유의미하게 분석된 데이터, 지식은 정보 가운데에서 유의미한 가치가 입증되었거나, 정보의 가치를 변별하는 데 기준이 되는 메타 정보, 지혜는 지식의 패턴을 분석하여 다른 사례에도 적용할 수 있는 창의적 사유의 체계라고 정리되고 있다.

[7] 심지어 인덱스조차, 그 효용의 가장 중요한 본질은 적은 시간을 들여, 필요한 자료를, 쉽게 찾는 데 있다.

[8] "백과사전은 일반적으로 "교육"과 "참고"의 두 가지 '의도된 목적' 아래 출판된다. 교육적 목적은 한 사실과 연관된 지식을 고리처럼 엮어 항목(대항목)으로 삼고 이를 체계적으로 기술함으로써 독자의 체계적 학습을 돕고자 하는 형식을 말한다. 한편, 참고적 목적이란 지식을 잘게 쪼개어 소항목으로 삼고, 내용의 기술을 지극히 간략화함으로써 즉답형 질문에 유용하도록 편찬된 실용적 백과사전에서 채용하는 형식이다. (중략) 백과사전의 편찬목적이 교육적인 것으로부터 현대적 의미의 참고적 가치로 바뀌기 시작한 것은 19세기에 이르러서이다. 1796-1811 사이에 독일의 Friedrich A. Brockhaus가 편찬한 Konversation-Lexion (Brockhaus)은 종래의 교육용 백과사전과는 그 스타일이 전혀 다른 소항목 중심의 참고용 백과사전으로서. 최근의 재미있고 사실적인 기사들에 대해 짧고 간략하게 기술하는 편집방침을 택했다. 편집체제의 근본적인 전환은 독자들이 백과사전을 이용할 때 의문에 답하기 위한 정보원으로서 특정 사항을 참조할 뿐이지,

한 효용이 주로 사용자의 측면에서 강조되었던 것이라면, 인터넷 시대를 맞은 지금, 생산자와 사용자가 구분되지 않는 일정 영역에서는 '유희'라는 또 다른 효용 하나가 생성되는 듯하다. 지식 전달이 일방적이었을 때에는 가능하지 않았던 효용이기도 했는데, 누구라도 정보를 생산할 수 있게 된 지금, 그것이 어떤 수준이든, 정보의 생산과 유통과정에 개입하면서 만족을 느끼는 경우가 발생하는 것이다.[9] 디지털, 또는 인터넷 공간은 물리적으로 무한정하게 확장이 가능하므로 인쇄본과는 달리 무한정한 정보를 넣을 수 있다고 간주하는 경향이 있다. 이 전제가 '백과사전형 서비스'에서 실현될 수 있는 공간이 존재한다. 실제로, 집단 지성의 모범적인 산물로 추앙받고 있는 위키피디아, 또 이와 유사한 서비스인 리그베다 위키나 엔하위키 미러와 같은 백과사전형 구조를 표방하는 공간은,

....

백과사전 이용을 통해 특정 분야에 대한 학습을 시도하지는 않는다는 전제에서 출발하였다. Brockhaus는 독특한 편집방침 때문에 성공을 거두었고, 19세기 이후의 백과사전 편집에 막대한 영향을 끼쳤다."(박준식·김문영, 1999: 9)
백과사전의 편찬 목적에 따라 나타나는 가장 큰 차이는, 항목들의 배열 방식이다. '참고'가 강조되는 백과사전에서는 흔히 검색 편의를 위해 알파벳순 배열을 선호하고, '교육' 목적이 강조되는 백과사전에서는 주제별 배열을 선호한다. 우리나라에서도 보편적으로 일반 백과사전은 가나다순으로, 학습사전류는 주제별로 편집되어 있음을 알 수 있다. 때로는, 특정 백과사전이 언어권에 따라 편찬 목적이 강화되어 나타나는 경우를 볼 수도 있다. 미국에서 발행하는 중고등학생용 백과사전인 『World Book Encyclopedia』은 원래 알파벳순 배열 방식으로 편찬되었으나, 한국에서 이 백과사전의 기본 정보에 대한 저작권 사용을 허여 받아 편찬한 <웅진학습백과>는, 독자의 학습 환경을 고려해서 주제별 항목 배열로 편찬 방식을 전면적으로 바꾼 경우이다. 알파벳순 배열이 종이책의 한정된 공간을 최대한 효율적으로 활용하는 데 도움이 된다면, 주제별 배열에서는 권별로 특정 항목이나 내용이 일정 수준 중복되어 수록되는 경우가 필연적으로 나타나게 된다.

9 이런 점에서 현재 웹으로 제공되는 백과사전형 지식 서비스의 구현 과정에서 새롭게 생성되는 이런 효용을, 전통적 백과사전의 생산자가 어떻게 흡인할 것인가도 또 하나의 과제일 수 있다. 영어판 위키피디어의 항목 수가 폭발적으로 늘어나는 데에는 아마도 이러한 '생산자의 효용'이 상당 부분 작동하고 있을 것이라고 생각된다. 그 효용이 상대적으로 대단히 미미한 한국 사회의 지식 환경에 대해서도 또한 분석할 필요가 있다고 보인다.

이론적으로 무한한 정보를 담을 수 있다.

물리적 제약이 없기 때문에, 가능한 모든 정보가 들어갈 수 있다고 간주할 경우, 웹툰 '달마과장'의 배경이 '서울시 강남구 일원동 영희초등학교 주변'이라는 것과 같은, 대단히 미세한, 특별한 효용은 없으나 알아두면 재미있는 정보들이 수록되는 것에도 당위를 부여할 수 있다. 더 나아가 세상 모든 정보의 수록을 지향한다 하더라도, 인터넷 기반에서 불가능한 상상은 아니다. 예컨대 모든 백과사전 항목에 독일 프랑크푸르트에 있는 괴테 생가의 구조, 평수, 바닥재와 벽재, 난방의 방식 등, 대단히 미시적인 정보까지도 수록할 수 있을 것이다. 좀 더 영역을 넓혀, 그 이웃집의 같은 정보를 넣을 수도 있다. 하지만 보편적 독자의 입장에서 볼 때 그것이 필요한 정보인가, 또 개별 독자의 경우에도 그것이 과연 유의미한가를 검토해 볼 필요가 있다. 그는 그가 그 정보를 탐색하는 시간만큼 다른 정보에서 소외당할 가능성이 크다. 그것은 또다시, 그것이 과연 '신뢰할 만한 지식'인가 하는 질문으로 환원된다. 즉, 데이터가 과잉 제공될 경우, '정보'와 '지식'이 구분되지 않는 상황이 발생하게 되는데, 그 차이는 데이비드 와인버거가 지적하듯, "지식의 양이 많아진 만큼 예전보다 훨씬 더 많은 '거짓들(untruths)'을 접하게 될 가능성 또한 높아졌기 때문이다"(데이비드 와인버거, 2014:308). 필터링의 단계가 제도적으로 확보되지 않은 상태에서, 그것이 대중에 의해 검증될 것이라고 간주하고 노출되는 '지식'의 경우, 그것이 '지식'인지 아직 확정되지 않은 '데이터' 인지를, 정작 그 지식을 필요로 하는 사람은 구분하기 어렵다.

2.3. 유의미한 지식

이제 사용자의 입장에서 유의미한 지식은 무엇인가에 대해 고찰할 필요가 있다. 전제한바, 사용자의 입장을 기준으로 지식의 의미를 추적할 때, 가장 유사한 모델은 인지 과학, 또는 교육학에서 사용되는 개념일 터이다.[10] 인지 과학에서는 지식을 몇 가지 다양한 차원에서 논의하고 있다.

마이클 폴라니(Polanyi, 2105)는 지식을 두 가지 차원, 형식지(explicit knowledge)와 암묵지(tacit knowledge)로 구분하고 있다. 형식지는 코드화할 수 있고 공유된 언어에 의해 전달할 수 있는 지식을 가리킨다. 반면에 암묵지는 코드화나 의사소통이 어려우며 행위나 참여를 통해 표현할 수 있는 지식을 가리킨다. 형식지는 책, 기술사양서, 설계도, 기계에 체화된 재료 등을 통해서 획득될 수 있는 지식이며, 암묵지는 관찰, 모방, 현장 작업과 같은 경험을 통해 획득할 수 있는 지식이다. 존 앤더슨은 지식의 차원을 명제의 형태로 표현되는 선언적 지식(declarative knowledge)과 자전거를 타거나 피아노를 치는 방법과 관련된 절차적 지식(procedural knowledge)으로 구분하고 있다. 절차적 지식은 '하는 방법을 알고 있다(knowing how)'와 관련된 지식으로, 잘 숙달된 기예(skill)와 습성과 같은 개별적인 지식을 나타낸다. 반면에 선언적 지식은 '어떤 것을 알고 있다(knowing that)'과 관련된 지식으로, 사실과 명제에 대한 지식을 의미한다(Cohen & Sproull, 1996)(홍사균, 2000:2-3).

인지 구조에 저장되어 있는 지식은 표상 유형에 따라 일반적으로 선언적 지식(declarative knowledge)과 절차적 지식(procedural knowledge)으로 구분된다. 선언적 지식은 보통 어떤 사실에 관해 기술하고 있는 지식을 말하며, 의미론적 기억과 일화적 기억을 포함한다. '구명복은 물에 빠졌을 때 인명을 구하기 위해 입는 옷이다'라는 것이 의미론적 기억이고, '나는 제주도 가는 페리호에서 구명복을 입어 보았다'는 일화적 기억이다. 선언적 지식은 유추적 표상(새벽에 날이 밝으면 아침이라는 것)과 상징적 표상(어떤 영어단어에 대응하는 한국어가 무엇인지 기억하는 것)에

---

[10] '지식'과 '정보'의 경계를 염두에 두지 않으면, 이 개념은 무의미하다.

의해 조성되며 형식적이다. 대체로 교과서에 있는 지식은 사실, 개념, 원리, 법칙 등과 같은 서술적 지식이다.

절차적 지식은 '운전하기', '지도 읽기', '구명복 입기' 등과 같이 무엇을 어떻게 하는가에 대한 지식을 의미하며 암묵적이다. 조건적 지식(conditional knowledge)은 선언적 지식과 절차적 지식을 언제, 왜 사용해야 하는지를 이해하는 것으로, '배가 기울고 있으니 구명복을 입어야 하고, 입은 뒤에는 더 기울기 전에 탈출해야 한다'를 조건에 따라 판단하고 실행할 수 있는 지식이다. 구체적으로 인지적 지식 체계가 발전되어 간다는 것은 명시적인 지식(형식지)을 암묵성이 높은 지식(암묵지)으로, 그리고 단편적인 지식(혹은 요소적 지식)을 엮어서 체계화된 지식(혹은 구조적 지식)으로 전환시켜 나가는 것을 의미한다.(홍사균, 2000:41)

지식에 대한 이러한 담론은, 지식의 형성과 습득이 개인의 인지 작용과 개인이 속한 사회 구성원 간의 사회적 상호작용이라고 간주하는 상대주의적 인식론이 바탕이 된, 구성주의적 관점에 기반을 두고 있다. 인지적 구성주의가 지식의 내적 구조에 초점을 둔다면, 사회적 구성주의는 지식이 사회적 맥락 속에 존재하고 있다고 말한다. 구성주의에 따르면, 지식은 다른 사람과 공유되는 과정 자체에 존재하고 있다. 이를 가능하게 하는 것이 사회적 환경이다.

구성주의는 또한, 지식에 대한 절대적 관점을 해체함으로써, 급속도로 다변화되는 사회 환경에 적응하고자 현행 국가 교육 과정에서 채택한 기본 개념이기도 하다. 주지하다시피 7차 교육 과정 이후의 주된 교육 목표는 문제 발견과 협동을 통한 자기 주도적 해결 학습, 비판적 사고와 창조적 사고이다. 이러한 학습 환경에서 강조되는 것은 학습자에게 주어지는 입체적이며 다중적인 지식의 네트워크이다. 주연경은 인터넷의 독특한 정보 전달 구조인 하이퍼텍스트 구조가 정보 전달에 있어서 핵심적인 영향을 끼치고 있으며, 따라서 하이퍼텍스트를 어떤 방식으로 구조화하는 지에 따라 지식의 전달 내용도 바뀔 수 있다는 커뮤니케이션 연구가들의 주장에 주목하고, 이용자의 사전 지식의 차이에 따라 비선형적 웹사이트 구조가 구조적인 지식과 선언적인 지식을 전달하는 데 어떤 유의미한 경향이 있는가를 연구했다. 그에 의하면, 비선형적 웹 구조는 구조적인 지식을 증가시키는 경향성이 있으며, 사전 지식이 높은 이용자 역시 비선형 구조에서 높은 구조적 지식을 습득하는 경향성이 있음을 밝히고 있다(주연경, 2007).

즉, '백과사전형 지식 서비스'의 사용자에게 전달될 필요가 있는 지식은 되도록 선언적, 절차적 지식을 조건적 지식의 차원으로 이행할 수 있도록, 단편적인 지식을 체계화된 지식으로 전환시켜 나가도록 도와주는 것이며, 이를 위한 실천적 방안으로 비선형적 구조가 제시되고 있음을 알 수 있다.

2.4. 지식의 개념에 대한 새로운 관심

백과사전이 집합적인 지식의 덩어리로 근대성을 이끄는 데 기여했다면, 현재의 백과사전들은 근대성의 유적으로 남아있을 뿐이지만, 그것을 즐기는 방식은 지극히 포스트모더니즘적이다. 포스트모더니즘은 근대적 숭고미를 거부하고, 파편화된 이미지와 패러디, 최근의 키치적 폰트와 같은 대중적 미학 등의 특징으로 나타난다. 그런 의미에서 지금의 웹 백과사전형 서비스, 특히 유사 백과사전에서 사용자들이 보여주는 양상은 지극히 포스트모더니즘적이라고 볼 수 있다. 전통적 지식의 가치에 대한 비판 또는 반동의 양상과 유사하면서도, 한국 사회 내부에 잠재한 근대적 기억과 결합하여 다양한 형태로 드러난다. 이는 한국 사회의 대표적인 유사 백과사전이라고 할 수 있는 위키피디아, 리그베다 위키, 나무위키에서 보여지는 차이에서 노정된다. 생산자와 사용자가 공존하는 이 공간에는, 다양한 사용자의 권유와 기호가 있음에도 불구하고 적어도 표면적으로 디테일의 진실성을 추구할 뿐 구조적이고 본질적인 진실을 추구하지는 않는다. 흔히 이들 플랫폼에서 발현되는 '지식의 축적' 또는 '진실에 대한 공방'은 [그림 1][11]의 사례에서 살펴볼 수 있듯, 근대적 의미에서의 합리성, 생산성과 엄숙성을 거부하는 방식으로 발현되기도 한다.

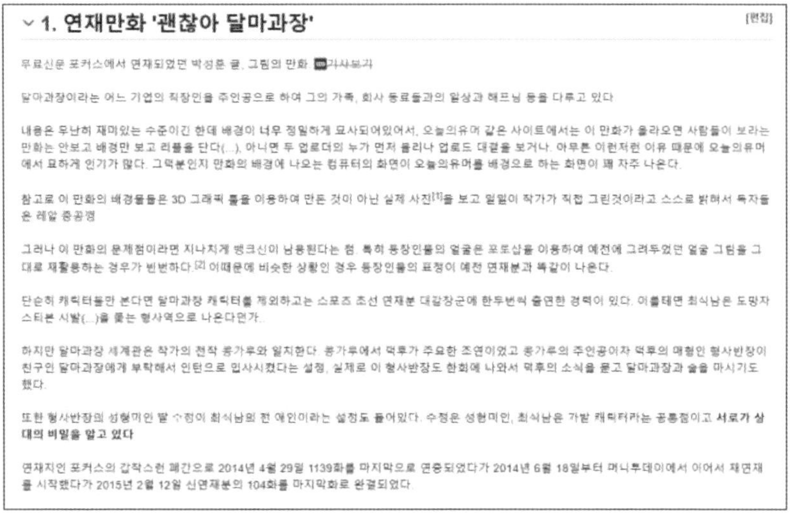

1. 연재만화 '괜찮아 달마과장'

[편집]

무료신문 포커스에서 연재되었던 박성훈 글, 그림의 만화. 기사보기

달마과장이라는 어느 기업의 직장인을 주인공으로 하여 그의 가족, 회사 동료들과의 일상과 해프닝 등을 다루고 있다

내용은 무난히 재미있는 수준이긴 한데 배경이 너무 정밀하게 묘사되어있어서, 오늘의유머 같은 사이트에서는 이 만화가 올라오면 사람들이 보라는 만화는 안보고 배경만 보고 리플을 단다(...). 아니면 두 업로더의 누가 먼저 올리나 업로드 대결을 보거나. 아무튼 이런저런 이유 때문에 오늘의유머에서 묘하게 인기가 많다. 그덕분인지 만화의 배경에 나오는 컴퓨터의 화면이 오늘의유머를 배경으로 하는 화면이 꽤 자주 나온다.

참고로 이 만화의 배경들들은 3D 그래픽 툴을 이용하여 만든 것이 아닌 실제 사진[1]을 보고 일일이 작가가 직접 그린것이라고 스스로 밝혀서 독자들은 레알 충공깽

그러나 이 만화의 문제점이라면 지나치게 뱅크신이 남용된다는 점. 특히 등장인물의 얼굴은 포토샵을 이용하여 예전에 그려두었던 얼굴 그림을 그대로 재활용하는 경우가 빈번하다.[2] 이때문에 비슷한 상황인 경우 등장인물의 표정이 예전 연재분과 똑같이 나온다.

단순히 캐릭터들만 본다면 달마과장 캐릭터를 제외하고는 스포츠 조선 연재분 대감장군에 한두번씩 출연한 경력이 있다. 이를테면 최식남은 도망자 스티븐 시발(...)을 쫓는 형사역으로 나온다면가.

하지만 달마과장 세계관은 작가의 전작 용가루와 일치한다. 용가루에서 덕후가 주요한 조연이었고 용가루의 주인공이자 덕후의 매형인 형사반장이 친구인 달마과장에게 부탁해서 인턴으로 입사시켰다는 설정, 실제로 이 형사반장도 한회에 나와서 덕후의 소식을 묻고 달마과장과 술을 마시기도 했다.

또한 형사반장의 성형미인 딸 수정이 최식남의 전 애인이라는 설정도 들어있다. 수정은 성형미인, 최식남은 가발 캐릭터라는 공통점이고 **서로가 상대의 비밀을 알고 있다**

연재지인 포커스의 갑작스런 폐간으로 2014년 4월 29일 1139화를 마지막으로 연중되었다가 2014년 6월 18일부터 머니투데이에서 이어서 재연재를 시작했다가 2015년 2월 12일 신연재분의 104화를 마지막화로 완결되었다.

[그림 1] 나무위키 검색 결과

이런 환경에서 '지식'의 개념은 많은 혼란을 겪고 있다. 데이터에서 일정한 의미를 가진 여과된 것이 '정보'이고, '정보'에서 다시 가치 있는 것만을 골라 낸 것이 '지식'이라는 개념이 전통적 지식의 생산자들에게는 아직 유효하지만, 지금-여기의 사용자에게는, 그 개념이 인식될 동기나

11 나무위키(https://namu.wiki/w/괜찮아%20달마과장)에서 '달마과장'을 검색한 결과 페이지의 일부(2019.3.4)이다.

장치가 생략되어 있는 상태이다.

사용자들은 동일한 매체를 통해 전통적인 백과사전과 유사 백과사전, 각종 전문사전의 내용을 동시에 검색창 하나에서 찾아볼 수 있다. 특히 지금-여기의 보편적 사용자들은 원전에 대한 유의미한 식별에 대한 인식을 보편적으로 갖고 있지 않은 공통적 속성을 보인다. 그들 앞에는 다양한 관점으로 자기화되어 있으며 수시로 수정이 가능하여 신뢰하기 어려운, 전술한 집단 지성 기반 유사 백과사전의 정보뿐만 아니라, 인터넷으로 흡수되어버린 전통적 뉴스 미디어들에서 공급되거나 하위 미디어들, 또는 포털 사이트에 의해 재생산되는 시의성 정보와 그에 대한 사용자 반응이 역시 실시간으로 제공된다. 그들에게 제시되는 웹 공간에서의 모든 정보들은, 거의 공통적으로 '실시간 검색 리스트'라는 필터에 의해 획일화되는데, 이 필터에 의해 획일화된, 즉시적, 대중적이며 일관성과 맥락을 찾기 어려운 결과물은 즉시 대중에 의해 소비되면서 재생산되는 경향을 보인다. 마치 베스트셀러 목록을 보고 책을 사기 때문에 베스트셀러가 되는 식의 순환이 지속된다.

이러한 획일화에 대한 피로도가 쌓이기 시작하면서부터는 소셜 네트워크 서비스 기반으로 연결된 사용자 간의 정보 공유가 생성되기 시작했다. 그 어느 경우든, '정보'의 진위와 맥락, 상대적 중요성에 대한 여과의 장치가 결여된 채, 온전히 사용자의 판단과 기호에 따라 소비되고 있다.

이렇게 혼란스러운 상황에서 요아힘 모르와 그의 동료들은 전통적 지식을 '진정한 지식'으로 호출하려 한다(요아힘 모르, 2012). 이 책 표지에 씌어져 있는 "당신이 아침에 읽은 트위터 한 줄은 진정한 지식이 아니다"라는 카피는, 이들이 추천하는 지식이 무엇인가를 쉽게 짐작할 수 있게 한다. 한편, 이매뉴얼 월러스틴은 보다 통시적으로 지식의 문제에 접근한다. 그는 19세기에 학제적 필요에 의해 만들어진 현재의 분과학문 체제가

'지식의 확실성'이라는 환상에 사로잡혀 있다고 주장하면서, 사회적 다변화와 매체의 변화에 따라 '지식의 불확실성'에 기반을 둔 새로운 지식 패러다임이 필요하다고 역설한다(이매뉴얼 월러스틴, 2007). 한편 데이비드 와인버거는, 인터넷 시대가 가져온 지식 인프라의 변화가 지식의 형태와 본질을 어떻게 바꿀 것인가를 집요하게 추적한다. 그는 개별 지식을 무상으로 언제나 무한하게 호출할 수 있게 된 지금, 진정한 지식은 개별 지식 그 자체가 아니라, 그것의 검증이 가능하며 의미 있는 확장과 연결이 가능한 '지식의 네트워크'라고 주장한다. 즉, 네트워크화된 지식이 우리를 지식에 대한 진실에 가깝게 다가가게 해주고 있다는 것이다(데이비드 와인버거, 2014:343). 와인버거의 진술은 근대적 지식의 공고한 체계가 붕괴될 가능성을 예측한다는 면에서는 월러스틴과 유사한 견해이지만, '진정한 지식'을 추구한다는 측면에서는 요하임 모르와 다르지 않다. 얼핏 보아 상충되어 보이는 이 두 견해의 통찰을 통한 접점에서 발견되는 그의 새로운 지식 도출의 방법론이 '지식의 네트워크'이다. 그리고 이 방법론은 앞에서 검토한 바, 웹의 태생적 가능성인 '비선형 구조'와 상동적인 구조를 갖고 있다.

3. 사용자의 효용과 웹 백과사전의 가능한 모형

3.1. 모바일 시대 사용자의 효용

하트만의 지적처럼, 사전의 생명은 결국 사용자의 효용을 얼마나 만족시키는가에 달려 있을 것이나, 어떤 의미에서 지금 한국 사회의 보편적 사용자들은, 급격한 정보화의 흐름 위에서 전통적인 지식의 가치를 분별하는 힘을 상실한 듯 여겨진다.[12] 이는 일견 독과점의 징후를 보이는 거대

----

12 사전의 특성에 따른 선호가 인쇄본에서와는 달리 웹에서는 유의미하게 드러나

검색 포털 사이트와 모바일 기기의 급격한 보급에 기인하는 것으로 간주할 수도 있지만, 본래 텍스트의 수준에 대한 식별에 익숙하지 않았었기 때문일 수도 있다.[13] 데이터나 정보가 아닌 지식, 특히 대개의 백과사전들이 갖고 있는 '메타 지식'의 의미와 가치를 크게 의식하지 않는 점에서, 많은 사용자들이 백과와 유사백과 등 다른 백과사전형 지식 서비스에 수록된 내용의 차이와 의미를 구분하는 데 어려움을 느끼기도 한다.[14]

이러한 위험과 함께, 사용자가 급격하게 모바일 미디어로 이동하고 있는 추세 역시 고려해야 할 사항일 것이다. 2014년 디지털 미디어 일일 이용시간을 비교해 보면 모바일 2.6시간, PC 2.4시간(강중구, 2015)으로 나타났으며 이후 그 격차가 급격하게 더 벌어지고 있다. 국내 포털 사이트의 경우도 다르지 않아서, 모바일을 통한 순방문자수가 2012년 10월을 기점으로 PC의 순방문자수를 앞서기 시작했고, 2015년 3월에는 2배 이상의 차이를 보여주고 있다. 모바일 사용자의 가장 큰 변화는, 더 이상 포털 사이트에서와 같이 검색에서 출발하지 않는다는 것이다. 모바일 환경에서의 사용자는, 검색 결과를 살펴보기 위해 화면을 아래로 길게 내려 보아야 하는 종래의 검색 결과 전시를 인내하지 못한다. 그래서 발생하는 것이, 효용의 파편화이다.

지 않는 현실이다. 거의 대부분의 사용자는 여러 포털 사이트에서 제공되는 사전 데이터의 제공자가 누구인지 변별하지 않는다.

[13] 일본의 경우, 사전의 브랜드는 그 사전을 드러내는 특성과 함께 변별의 요소로 작용하며, 그 결과 전자사전은 기계의 기능적 측면보다 탑재된 사전의 브랜드에 따라 선호되고 있다. 브랜드가 구분되지 않는 스마트폰 보급 이후 전자사전이 사라진 한국과는 매우 대조되는 현상이다.

[14] 일례로, 전국의 음식점 목록은 데이터이다. 그중, 맛집에 대한 주소, 목록, 경험담을 정보라고 할 수는 있을 것이다. 그 맛집을 통해 얻고자 하는 사용자의 가치에 대한 것, 즉, 경험담의 진위를 비평한 내용이나 신뢰도 있는 비평가의 진단을 통해 검증된 정보, 또는 오랜 역사를 통해 축적된 맛집 판단의 기준을 지식이라고 할 수 있을 것이다.

기존의 사용자들은 네이버가 울타리 안에 갖추어놓은 거대한 데이터에서 검색되는 다양한 검색 결과에 익숙해 있었고, 그 까닭에 전 세계 검색 시장을 휩쓸고 있는 구글의 도전에도 네이버는 한국 시장을 굳건히 지킬 수 있었다. 그러나 모바일 시대에 이르러, 네이버의 그런 아성이 서서히 무너지는 조짐을 보인다. 최근의 젊은 사용자들은, 뉴스는 페이스북, 트위터, 플립보드 등을 통해서 얻고, 웹툰은 웹툰 전용 앱을 다운받아 본다. 소통은 페이스북, 인스타그램, 카카오스토리를 통하며, 맛집은 망고플레이트, 쇼핑은 쿠팡과 쿠차, 부동산은 직방과 다방, 음악은 멜론, 동영상은 유튜브, 티빙, 지도는 김기사를 사용하는 것이다. 자신에게 맞는 앱을 골라 사용하고자 하는 이런 효용의 이면에는, 지식 검색조차 맞춤형으로 제공받고 싶어하는 개인화의 욕구가 깔려 있다. 정보 과잉의 시대에 이용자 맞춤형 서비스가 필요해진 까닭에 나타난 서비스가 큐레이션 서비스이다. 빅 데이터를 바탕으로 사용자 개개인에게 적합한 검색 결과를 능동적으로 제공하려는 것이다.

시각 요소는 기존 컴퓨터 시대에도 강조되어 왔지만, 모바일 시대의 사용자에게는 더욱 더 강조되고 있다. 이제는 고전이 된 맥루헌의 『미디어의 이해』(1964)의 소제목이 '인간의 확장'이었음을 우리는 기억한다. "매체는 메시지다"라는 그의 명제는, 전술한 것처럼 플랫폼이나 서비스 자체가 의미를 갖기 시작했다는 점에서 포괄적 은유로도 적중했지만, 이미지에 다른 설명이 없어도 이미지 자체를 자동 식별할 수 있도록 진화하는 검색기술에 의해서 문자적으로도 적중했다. 감각은 이제 텍스트와 호환 가능한 검색의 대상이기도 하다. 그런 의미에서 '인간의 확장'이 가능한 모든 영역 역시 텍스트 데이터와 함께 '지식'의 범주에서 고려할 필요가 있을 것이다.

3.2. 웹 백과사전형 서비스의 가능한 모형

앞에서 논의한바, 지식 변화의 추세, 유의미한 지식의 모형, 사용자 환경의 변화와 같은 요인들을 바탕으로 볼 때, 웹 백과사전형 서비스를 위한 바람직한 모형은 정보의 집적이라는 근대적 역할에 더하여, 내용과 형식에서 전통적인 백과사전의 영역을 넘어서는 특성을 강화할 필요가 있다. 그 요목을 아래와 같이 제시한다.[15] 이 요목을 개괄해 보면, 하트만이 말한 사전 편찬의 세 가지 양상, 즉 기록, 기술, 제시의 모든 영역에서의 새로운 관점이 요청되고 있음을 알 수 있다.

1) '지식'의 유의미한 비선형적 구조

검증이 가능하며 의미 있는 확장과 연결이 가능한 지식의 비선형적 네트워크를 구축할 필요가 있다. 빅 데이터를 기반으로 링크를 자동설정토록 하여 비선형적 구조를 구축하는 방식의, 기술 기반의 구조화가 불가능한 것은 아니지만, 그간 한국 사회의 여러 선례를 볼 때, 유의미한 구조가 형성되기는 어렵다고 보인다. 유의미한 구조를 확보하기 위해서는 단위 지식 들 사이의 유의미한 구조의 기본 체계를 미리 구축해 놓을 필요가 있다고 보인다. 이 유의미한 구조는 물론 비단 학문적 체계만을 의미하지는 않는다.[16]

------

[15] 데이비드 와인버거는 웹 시대에 유효한 지식 전략으로, "접근을 개방하라, 지능을 연결해줄 고리를 제공하라, 모든 것을 연결하라, 기관의 지식을 뒤에 남기지마라, 모든 사람을 가르쳐라" 라는 다섯 가지 지침을 제안하고 있다(데이비드 와인버거, 2014:319-339).

[16] 보통 사람이 다니면 길이 생긴다, 라는 통념에 따라, 사용자 기반 지식 생성 시스템이라고 할 수 있는 유사 백과에서도 별다른 인위적 구조화가 아니더라도 유의미한 구조화가 가능하지 않을까 라는 질문이 가능하다. 그러나 만일 그것이 지금까지 보편적 진리였다면, 모든 길은 로마로 통한다, 라는 격언은 생기지 않았을 것이다. 로마는 제국으로 커지는 과정에서 기본적으로 길을 비롯한 인프라 건설에 초점을 맞추었다. 정보는 널려 있는 게 사실이지만, 거기에 의미 있는

길을 기획하고 건설하는 것은 결국 전문가가 해야 할 일일 것이다. 그러나 그것이 기존의 근대 학문의 체계를 평면적으로 이식하는 것을 뜻하지는 않는다. 아래의 사례는 <백과전서>를 펴냈던 디드로 항목에 대한, 위키피디어 영어판과 브리태니커 한국어판의 비선형구조를 보여준다.

* 영어판 위키백과의 　Denis Diderot 항목	*브리태니커 한국어판의 　디드로 항목
Encyclopedist Encyclopédistes	백과전서 백과사전의 역사 루소의 초기생애
Contributions to liberal theory Liberalism	18세기 프랑스 문학 뷔퐁 반영론
Society of the Friends of Truth	볼테르의 후기 여행 연출과 연기
Diderot effect	연기 레싱
Paris Diderot University Denis Diderot House Of Enlightenment 　(France)	연극의상 시민연극 샤르댕 그뢰즈

영어판 디드로의 경우 아마도 디드로 항목 안에서 추출되거나, 혹은 디드로라는 이름이 들어가 있는 관련항목들이 제시되어 있고, 오른쪽의 경우, 얼핏 보아 디드로와 관계없어 보이는 항목들이 제시되어 있다. 그 차이가 어디서 기인하는 것일까?

위키의 경우, 관련 항목은 항목 집필자의 상상력의 범주 내에서 만들어졌다고 짐작할 수 있다. 왜냐하면, 디드로 항목을 통해서 유추될 수 있거나, 표제어 검색에서도 발견될 수 있는 내용들이기 때문이다. 그러나 브리태니커의 경우 보이는 낯선 항목들은 이런 방법으로는 찾기 어렵다. 브리태니커의 관련 항목은 전통적인 색인 과정을 통해 추출된다. 즉, 전체 텍스트를 읽어가면서 특정 부분에 디드로와 관련된 내용들이 들어 있는 경우를 찾아 색인하는 것이다. 그 결과를 전체적으로 역분석한 결과로 디드로라는 항목의 관련 항목들로 모여져 나타난다. 즉, 디드로라는 항목의 관련항목으로 '루소의 초기 생애'가 있다는 것은, 디드로의 삶과 루소의 초기 생애가 관련이 있음을 보여주는 것이다. 이런 과정을 거쳐, 사용자는 디드로가 연극과 미술에도 관심이 있었다는 것을 알 수 있게 된다. 마치 은유에서 원관념과 보조관념의 거리가 멀수록 미적 효과가 증대되는 것처럼, '연기', '시민연극'과 같이 일반인들이 알지 못했던 관련항목이 제시될 경우,

2) 사용자 환경에 맞춘 '지식'의 재가공

사용자 환경의 변화에 적응하지 않을 경우, 검색 기능의 효용은 급격하게 감소할 가능성이 크다. 이는 모바일뿐 아니라 사물 인터넷과 인공지능 등 예측되는 향후 발전방향의 축에 따라야 할 필요가 있다. 이 재가공 작업에는 모바일 등 미디어 환경에 따른 길이의 조정, 서술 방식의 조정 등이 따라야 할 것이다. 예컨대 모바일 화면에 적합한 길이로 항목을 모듈화하고, 이 모듈의 비선형적 구조 집합을 구축한 뒤, 그다음 단계의 지식을 위한 일종의 인덱스(메타 지식)화하는 방식이다.[17]

3) 멀티미디어와 텍스트의 효율적 결합[18]

검색기술의 발달은, 텍스트뿐 아니라 멀티미디어를 통한 검색까지 이르고 있다. 모바일 환경의 사용자 역시, 멀티미디어를 통해 접근성을 높일 가능성이 크다. 기본/표준화가 가능한 이미지와 텍스트의 유기적, 구조적 결합이 앞으로 검색기술과 관련하여 사용자 편의성을 높이게 될 것이다.

사용자가 디드로 항목에서 바깥으로 향한 다양한 정보를 더 획득하게 되는 효과가 발생하는 것이다. 이런 결과물은 결코 지식의 비평가로 훈련받은 전문가가 아니면 만들어 내기 어렵다. '디드로'의 사례를 통해서도, 이런 유의미한 비선형 구조가 사용자에 의해 저절로 형성되기 어렵다는 것을 알 수 있다. 그 기계적 대안으로 구글과 같은 검색포털의 로봇을 들 수 있겠지만, 그러나, 그 결과물의 유용성은 전문가가 아니면 효율적으로 판단하기 쉽지 않은 것이 사실이다.

[17] 지식의 모듈화를 위해서는 필연적으로, 사용 목적과 그 목적에 따르는 기술 방식과 분량, 링크 방식 등의 편찬 기준이 필요하다. 유사 백과들은 그런 의미에서, 이런 기준이 따로 제시되는 것 같지 않다. 만일 유사한 경우가 있더라도 그것은 우연에 의한 것일 수밖에 없을 것이므로, 보편적 균질을 만들어내기는 어렵다.

[18] 리처드 메이어(2009)가 지적하듯, '멀티미디어'는 사람마다 다른 것을 의미하는 듯하다. '멀티미디어 자료'라고 하면, 흔히 어떤 한 콘텐츠가 텍스트, 소리, 사진 또는 동영상으로 구성된 것을 의미한다. 예컨대, '멀티미디어 백과사전'은 시디롬이나 디브이디 같은 저장 매체에 텍스트와 영상, 소리 등이 동시에 탑재되어 있는 것을 뜻한다. 나은경(2009)은 '다매체, 다채널, 미디어 융합'이라는 용어를 쓰고 있기도 하다. 여기에서는 미디어 검색 기술로 검색이 되는 단위의 이미지를 기본적으로 상정한다.

4) 사용자 군에 적합화한 다층적 구조화

무엇보다, 다양한 사용자 군에 적합하도록 데이터를 다층화할 필요가 있다. 특히 학력과 연령대 기반으로 데이트를 다층화할 필요가 있다. 교육의 차원에서 볼 때, 상업적 가치에 직접 노출되어 있는 유아부터 청소년까지의 사용자에 대해 주목할 필요가 있다. '큐레이션 서비스'를 위해서도 꼭 필요한 작업이라고 하겠다.

5) 사용자 참여의 확대와 유희로서의 지식

이미 기존 서비스 주체들이 참여의 확대를 위한 다양한 서비스를 개발해 온 바 있으나, 국내 서비스에서는 일정 정도 한계가 노정되고 있는 것이 사실이다. 그럼에도 불구하고 사용자 참여의 방식을 꾸준히 강구할 필요가 있다. 또한 지식이 그 자체로 즐거움을 줄 수 있는 대상임을 보여 줄 장치가 필요할 것이다. 사용자 참여는 개인화, 네트워크, 생산, 확산, 공유 등 여러 단위에서 가능할 수 있을 것이다.

4. 현재의 웹 백과사전형 지식 서비스

앞에서, 바람직한 웹 백과사전형 지식 서비스를 위한 요목으로, 1) '지식'의 유의미한 비선형적 구조, 2) 사용자 환경에 맞춘 '지식'의 재가공, 3) 멀티미디어와 텍스트의 효율적 결합, 4) 사용자 군에 적합화한 다층적 구조화, 5) 사용자 참여의 확대와 유희로서의 지식을 제시하였다. 현재의 백과사전형 지식 서비스를 평가하려면 이 모든 기준을 적용해 보는 것이 타당할 터이나, 이 글의 범주에 비추어서는 워낙 방대한 작업이 되므로 과제로 남기고, 첫 번째 기준인 유의미한 비선형 구조가 얼마나 구현되어 있는가를 살펴보는 선에서 검토하고자 한다.

현재 한국 사회에서 주도적이며 가장 큰 사용자를 확보하고 있는 것은 네이버이다.[19] 네이버는 2002년 두산동아 백과 데이터의 독점사용 계약과 함께, 항목 확장 작업에 집중하면서 검색 결과 향상에 주력했다. 전 세계 검색 트래픽 점유율의 90%을 차지하는 구글은, 한국 시장에서는 두산 백과 외에도 약 3,900종의 사전과 4백만이 넘는 표제어[20]를 내세우는 네이버에 밀리는 형국을 보이고 있다. 그 바탕에는 비록 폐쇄적이라는 한계가 있지만, 한국 사용자들의 관심사에 부합한 결과를 보여주는 네이버의 지식 정보 데이터가 큰 몫을 하고 있는 것이다. 그런 의미에서 네이버에서 제공하는 방대한 사전 정보 데이터가 분명 한국 사회에서 웹 백과사전의 대표적인 사례임은 틀림없겠다. 네이버가 제공하는 이와 같은 다량의 정보가 분명 사용자의 편의성과 만족도를 높여 80%에 이르는 압도적인 시장 점유율을 보여주고 있음에도 불구하고, 그 데이터의 구조는 평면적인 구조에서 크게 벗어나지 않는다. '지식'에 대한 앞에서의 여러 논의에 비추어 볼 때, 네이버의 데이터는 사실상 인쇄본으로 존재하는 데이터를 웹으로 이식한 수준에 머물러 있는 것으로 보인다. 이는 검색 결과가 소장하고 있는 다양 다종의 데이터를 병렬로 배치했을 뿐, 웹사이트에서 가능한 유의미한 비선형 구조가 제대로 형성되어 있지 않기 때문이다.

---

[19] 한국에서 인터넷에 일반인들의 접근이 가능해 진 것은 1995년부터이지만, 2000년대 초반까지만 해도 야후와 같은 디렉토리 서비스 외에는 효용이 높은 서비스가 드물었다. 그나마도 한국어로 형성된 데이터가 많지 않았기 때문에 인터넷은 정보를 찾는 사용자에게 실용적 만족을 주지는 못했다. 2000년 후반, 두산동아 백과사전 데이터가 당시 국내 5개 포털 사이트에 제공되면서, 기본적인 지식 검색이 가능해졌고, 이후 2002년 지식검색(지식인), 2003년 블로그, 카페를 통해 사용자가 생산한 정보도 검색 결과에 반영되면서 급격한 변화가 일어났다.

[20] 수록하고 있는 데이터의 양을 실시간으로 제시하고 있다. 2019년 3월 4일 현재 3,924 사전, 4,344,739 표제어가 있음을 보여준다(http://terms.naver.com/).

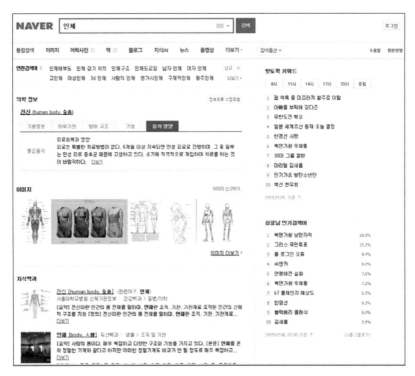

[그림 2] 네이버 '인체' 검색 결과

[그림 2]는 메인 화면 검색창에 '인체'라는 검색어를 넣은 후 전시된 결과이다. 뜻밖인 것은, '인체'를 검색했으나 가장 위에 뜨는 것은 '전신'이라는 항목이라는 점이다. 유의어 검색 및 본문 검색이 포함되었던 까닭에 발생한 결과로 보이는데, 왜 '인체'라는 검색 결과가 위에 전시되지 않는지는 궁금하다. 연관 검색어는 '인체' 포함 용어에 한정되어 검색 결과를 보여준다. 아래쪽으로 스크롤해서 내려오면 비로소 '지식백과' 구분에서 '전신'과 '인체'가 발견된다. 사용자로서는 약간 당황스러울 수 있는 결과라고 볼 수 있다. 이런 검색 결과는 모바일에서도 유사하게 나타나는데, 이는 그동안 수집한 지식백과 데이터의 수많은 중복항목이 동시에

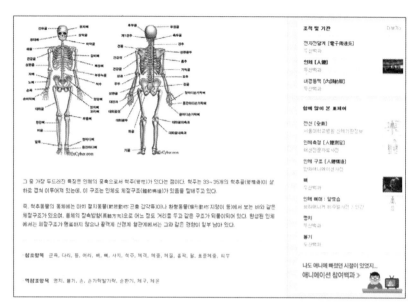

[그림 3] 네이버 백과사전 '인체' 검색 결과

전시되면서 일어나는 부작용으로 보인다.

　백과사전의 인체 항목을 클릭하면, [그림 3]과 같이 '인체' 항목이 검색 결과로 제시되면서, 참조 항목, 역참조 항목, 조직 및 기관, 함께 많이 본 표제어 등의 비선형 참조 항목이 아래와 오른쪽에 전시되고 있다. 참조 항목으로는 근육, 다리, 등, 머리, 배, 뼈, 사지, 척주, 체격, 체중, 체질, 흉곽, 팔, 표준체중, 피부, 역참조 항목으로는 명치, 볼기, 손, 손가락발가락, 순환기, 체구, 체온 등이 제시된다. 조직 및 기관이나 함께 많이 본 표제어 역시 인체 구성 요소 외의 외부로 나가는 링크는 보이지 않는다. 즉, 정보는 많으나 각각의 정보가 닫혀 있는 구조를 이루고 있는 것이라고 보인다.[21]

　웹에서의 가장 중요한 기능, 특히 백과사전이 가져야 할 기능은 전술한

---

[21] 이는 앞에서 보았던 위키피디어의 '디드로' 관련 항목과 유사한 경우이다.

바, 메타데이터의 기능일 것이다. 검색어의 결과가 첫 번째 검색 결과와 같이 검색어와 일치하지 않으면서 유사하고 많은 정보가 병렬로 전시될 경우, 특히 모바일의 사용자는 판단할 기준을 갖고 있지 않을 가능성이 많다. 또한 제시된 정보에 대한 비선형 구조, 즉 링크가 그 지식의 영역 내에서 순환할 경우, 사용자에게는 별다른 흥미 요소를 낳기 어렵다.

국가기관에서 운영하는 가장 큰 백과사전형 서비스라고 할 수 있는 한국학중앙연구원에서도 비선형 구조의 결락 양상을 볼 수 있다. 즉, 인쇄본과 대비되는 웹의 특성, 혹은 미래의 사용자에게 필요할 여러 기능이 아직 확보되어 있지 않은 상황이다. 한국학중앙연구원의 검색에서는 <민족문화대백과사전>과 함께 <한국향토문화전자대전> 등의 대형 저작물이 웹 데이터로 전환되거나 웹 서비스를 전제로 개발되어 있다. 하지만 해당 서비스에서 발견되는 분류는 여전히 인쇄본 중심의 평면적 구조에서 벗어나지 못하는 상황이다.

[그림 4]에서 확인되는 화면 속의 분류는 크게 '분야/유형/연표'의 대분류로 이루어져 있고, '분야'에는 '경제·산업, 과학, 교육, 문학, 사회, 생활, 언론·출판, 언어, 역사, 예술·체육, 정치·법제, 종교·철학, 지리'가 포함되어 있다. 다시 '경제·산업'에는 '경제, 교통, 산업, 통신'이 하위분류로 들어 있다.

그런데 [그림 5]와 같이 세부 항목에 들어가 보면, 대표적인 교통수단인 '고속철도' 항목이 '경제'의 하위 항목이며 '교통'에는 없고, '교통개발연구원' 역시 '산업'에 분류되며 '교통'에 없는 경우를 볼 수 있다. 분류작업자의 단순한 실수나 적용의 오류일 수 있으나, 여기에서 가장 관심을 두어야 할 부분은 웹의 장점을 살리지 못한 채, 인쇄본에서 가능했던 단선적 지식의 구조를 그대로 적용했고, 따라서 이런 오류가 발생할 가능성이 높다는 점이다.

[그림 4] 한국민족문화대백과사전의 유형 분류

[그림 5] 한국민족문화대백과사전의 '교통' 분야 검색 항목

이와 대비해 볼 때, 비록 사용자 점유율은 낮으나 같은 백과사전형 지식 서비스를 제공하고 있는 다음의 경우, 네이버에 비해 보다 단순하지만 훨씬 유의미한 비선형 구조를 제시하고 있다. 유의미한 비선형 구조는

적절한 개연성과 확장성을 가지고 있고, 관계된 구체적이며 누적된 사례를 내포하고 있을 때, 의미를 확보한다. 이를 위해서는, 전문가에 의해 통제된, 그러나 무한한 확장성을 확보하고 있는 인덱스 구조가 필요할 것이다. 다음의 경우 '인체'를 검색했을 때, [그림 6]과 같은 구조를 보인다. 광고를 제외하고, 이미지와 백과사전의 '인체' 항목이 바로 제시되며, 백과사전 옆에는 관련 검색어가 제시되고 있다. 사용자는 이 구조를 통해 백과사전 데이터 전체에 걸쳐 존재하는, '인체'와 관련 있는 다른 항목들과의 관계를 알 수 있다.

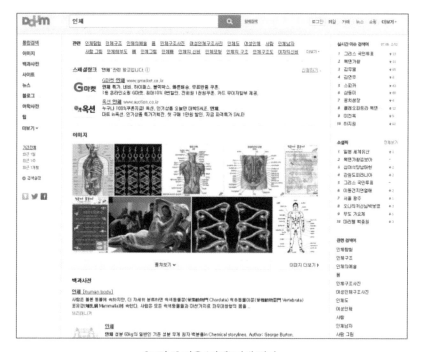

[그림 6] 다음 '인체' 검색 결과

네이버의 검색 결과와 다른 특징은, [그림 7]에서 볼 수 있듯 군더더기

없이 항목의 오른쪽에 연관 및 참조 항목을 나열하고 있는데, 표제어와 함께 정의부를 보여주어 사용자 편의성을 높였다는 점이다. 특히 이 참조 항목을 찾아가 보면 '인체' 개념의 바깥으로 향하는 아래 링크들도 발견할 수 있다.

[그림 7] 다음백과의 '인체' 항목 검색 결과

- 영혼
- 인간의 진화
- 손해배상
- 인간행동
- 수명
- 자기동일성의 개념설정
- 특징 및 발달과정
- 인간의 유전
- 인간행동

항목의 구성, 또는 목차가 어떤 지식 단위의 내부 구조를 보여준다면, 비선형 구조는 그 지식 단위의 외부로 향한 관계망을 보여준다. 비선형 구조는 백과사전 전체 내용 가운데, 주제어인 '인체'와 관련된 다른 곳에 존재하는 유의미한 지식과 정보로 안내하는 기능이다. 사용자는 잘 구조화된 비선형 구조를 통해서, '인체'라는 주제어가 인체와 수명, 영혼, 자기동일성, 유전, 진화, 기생충과 같은 또 다른 주제어와 관련이 있음을 알 수 있게 되고, 이와 같은 여러 층위의 지식 정보가 서로 갖고 있는 '관계'를 학습할 수 있다. 이를 통해, 다른 어떤 주제어에도, 그와 유사한 지식의 층위가 존재할 것이라는 '관계'의 의미구조를 학습하게 된다. 즉, 유의미한 비선형 구조를 갖추었을 경우 앞에서 말한 '지식'의 효용이 더욱 강화된다는 의미이며, 이것이 데이비드 와인버거가 말하는, '지식'으로서의 기본적인 네트워크라 할 수 있을 것이다.

5. 맺음말

이 글은 현재 한국 사회에서 웹 기반으로 제공되고 있는 '백과사전형 지식 서비스'의 현황과 과제를 논의하기 위해 쓰였다. 그러나 지식 서비스 전체에 대한 전면적 조사와 분석이 아닌, 서비스를 구축하는 데 필요할 전제를 비평적으로 검토하고, 지향해야 할 방향을 제시하는 방식으로 그 폭을 좁혔다.

하트만이 말한 바와 같이, 사전 편찬에 있어 가장 강조되어야 하는 것은 사용자의 효용이다. 이 글에서는 인쇄본과 다른 웹 기반의 백과사전 서비스가 가져야 하는 가장 기본적인 속성을 웹 시대의 '지식'에 대한 질문에서 출발하고자 했다. 인쇄 매체를 통해 전달, 계승되었던 '지식'의 함의가 백과사전을 통해 귀납적으로 정리되고, 또한 백과사전 자체에 수록된 지식의 구조가 사회에 미치는 영향을 미루어, 웹 기반의 사전 역시 그 본질과 지향을 논의하기 위해서는 웹 시대의 '지식'의 본질을 논의하지 않을 수 없음을 밝혔다.

'지식'의 개념에 대한 이러한 논의는, 비단 사전학, 사전 편찬학뿐 아니라, 메타지식을 대상으로 삼는 여러 학문 분과에서 다양하게 연구되어 있음을 인용하면서, 웹 시대에 가장 강조되는 것이 사용자의 효용성을 최대한 충족시킴과 더불어, 지식의 네트워크를 통해 지식의 홍수 시대의 사용자들이 스스로 지식을 효용성 있게 받아들일 수 있도록 할 필요가 있음을 제시했다.

그 실천적 지향점으로, 1) '지식'의 유의미한 비선형적 구조, 2) 사용자 환경에 맞춘 '지식'의 재가공, 3) 멀티미디어와 텍스트의 효율적 결합, 4) 사용자 군에 적합화한 다층적 구조화, 5) 사용자 참여의 확대와 유희로서의 지식을 제시하였다. 그중 첫 번째 요목을 바탕으로, 현재 한국 사회의 대표적인 웹 기반 백과사전형 지식 서비스인 네이버, 다음, 한국학중앙연구원의 현재 구조에 대해서 간략하게 살펴보았으며, 유사 백과사전의 사례가 사용자에게 어떤 의미로 사용되는지도 검토해 보았고, 현행 서비스의 대부분이 이러한 요건을 충족하고 있지 않음을 발견할 수 있었다.

이 글의 주제 자체가 사전 비평적 관점인 까닭에, 개별 서비스에 대한 보다 정밀한 분석이 따르지 못한 것은 아쉬운 점이다. 앞의 여러 요목에 대한 검증 및 실천적 분석을 과제로 남기면서, 이 글을 계기로, 지금-여기의 백과사전에 담아야 할 지식은 과연 무엇인가, 사용자들이 원하는 것은 무엇이며, 생산자가 줄 수 있는 것은 무엇일까, 그것을 어떤 방식으로 담아야 하는가에 대해 좀 더 본격적으로 논의할 수 있기를 기대한다.

참고 문헌

강중구(2015),「통계로 보는 콘텐츠산업」, 한국콘텐츠진흥원.

김진엽·하선규 편(2007),『미학』, 책세상.

김창겸(2013),「<한국민족문화대백과사전> 웹서비스의 현황과 발전방안」, 『동양학』54.

김창일(2011),「<한국민속대백과사전> 웹서비스 구축 현황과 향후 전략 모색」,『한국사전학』17.

나은경(2009),『다중매체시대 미디어 이용 패턴의 변화와 이용 내용상의 질적 다양성 탐구』, 한국언론재단.

데이비드 와인버거, 이진원 역(2014),『지식의 미래』, 리더스북.

리처드 메이어, 임미라 역(2009),『멀티미디어 러닝』, 성균관대학교 출판부.

박준식·김문영(1999),「인쇄본 백과사전의 평가요소 분석」,『한국문헌정보학회지』33(2).

송병건(2007),「정보의 바다와 산업혁명 : 인터넷 백과사전류에 대한 비교검토」,『영국연구』17.

요아힘 모르 외, 박미화 역(2012),『무엇이 과연 진정한 지식인가』, 더숲.

윤은호(2012),「집단지성 및 백과사전의 한계, 그리고 미래 : 한국어 위키백과와 집단지성 위키들을 중심으로」, 한국사전학회 학술대회 발표자료집, 2012. 2.

이매뉴얼 월러스틴, 유희석 역(2007),『지식의 불확실성』, 창비.

장경식(2012),「다중매체 시대의 백과사전」,『한국사전학』19.

정철(2008),「온라인 백과사전 만들기-다음백과 2007 개편을 중심으로 한 필드 스터디」,『한국사전학』11.

주연경(2007),「웹 사이트의 구조가 다양한 층위의 지식 형성에 영향을 미치는가 – 이용자의 사전 지식을 중심으로」, 한국과학기술정보연구원.

마이클 폴라니, 김정래 역(2015),『암묵적 영역』, 박영스토리

하트만 편, 서태길 외 공역(2008),『사전편찬의 원리와 실제』, 제이앤씨.

홍사균(2000),「지식흡수의 학습과정 모형 연구」, 과학기술정책연구원.

4장
사전의 시청각 정보

장선우·노석은·조지연(고려대)

1. 머리말

전통적으로 사전의 정보는 주로 문자 기호로 제시되었다. 그러나 다매체 시대에 접어들면서 시디롬(CD-Rom), 전자수첩, 웹 사전, 모바일 기기용 애플리케이션(application) 등의 매체(이하 '전자사전'으로 통칭)를 통하여 문자 기호와 더불어 다양한 시각 정보, 청각 정보까지 그 정보가 다양하게 제공되고 있다.

이 장에서는 어학 사전에서 시청각 정보들이 어떻게 제시되고 있는지에 대한 현황을 살피는 것을 일차적 목적으로 한다. 이는 미래에 시도되고 제공되어야 할 다양한 시청각 정보에 대하여 전망해 보는 계기가 될 것이다. 아울러 전자사전에서 시청각 정보가 제시되는 방법 중 하나인 하이퍼링크의 유용성에 대하여도 재확인하게 될 것이다.

주지하는 바와 같이 사전의 시각 정보와 청각 정보는 사전의 내용을 이해하는 데 도움을 줄 수 있는 모든 범위에서 제공될 수 있다. 그럼에도 종이사전의 경우는 지면의 제약 등으로 다양하고 풍부한 시각 정보를 제공하는 데 한계가 있을 수밖에 없다. 반면 전자사전의 경우는 이러한 어려움이 해소될 것으로 기대할 수 있다. 그러나 이러한 기대와는 달리, 전자사전에서의 시각 정보는 종이사전과 크게 다르지 않게 매우 제한된 정보가 제공되고 있거나 종이사전에서 제공된 이미지(그림, 사진)와 같은 매우 단조로운 형태로 제공되고 있다. 또한 청각 정보는 주로 표제어의 발음을 들을 수 있도록 하는 데 그치고 있다. 본고의 2절과 3절에서 이를 자세히 확인할 수 있다.

아래 표는 이 글에서 살핀 어학 사전을 유형별로 정리한 것이다.

[표 1] 이 글에서 다룬 어학 사전들

		범용 사전	학습사전	
			일언어	이언어
종이	한국어	표준국어대사전 고려대 한국어대사전 연세한국어사전	외국인을 위한 한국어 학습사전 보리국어사전 연세초등사전	한중사전 중국인을 위한 한국어 사전
	외국어	The Oxford English Dictionary Macmillan English Dictionary 2nd(2007) 現代漢語詞典(2012) 三省堂, 新明解國語辭典(2014)	現代漢語學習詞典(2010) Longman(1992) Oxford Advanced Learner's Dictionary(2010) Collins COBUILD Advanced Learner's English Dictionary(2006) Cambridge Advanced Learner's Dictionary 4th ed(2013) Merriam-Webster's advanced Learner's English Dictionary(2008)	동아 영어 입문 사전(2005)
웹	한국어	표준국어대사전 우리말샘	한국어기초사전	한국어-외국어 학습사전

	OXFORD(www.oed.com) Longman(www.ldoceonline.com) Duden(www.duden.de) Langenscheidt(de.langenscheidt.com) Larousse(www.larousse.fr) 漢辭網(www.hydcd.com) 漢典(www.zdic.net) 敎育部國語辭典簡便本 (http://dict.concised.moe.edu.tw)	金山詞霸(http://hanyu.iciba.com)[1]
외 국 어		

2. 사전에서의 시각 정보

사전에서의 시각 정보는 표제어의 내용 이해에 도움을 줄 수 있는 다양한 이미지 정보를 모두 일컫는다. 이러한 시각 정보는 일찍이 조선어학회의 <큰사전>(1947)에서도 확인된다. 주로 동식물이나 구체적인 사물 표제어에 대한 이미지를 뜻풀이 옆에 제시하고 있다. 외국어 학습사전인 <Oxford Advanced Learner's Dictionary>(1948) 1판(이하 <OALD>(1948))에서 역시 이미지 정보를 확인할 수 있으며, 7판(2007)에서는 약 2,000개의 표제어에서 이미지 정보를 확인할 수 있다.[2]

2.1. 시각 정보의 유형과 기능

사전에서 제시되는 시각 정보는, 형식에 따라 '그림, 사진, 그래픽, 도표' 등으로, 색도에 따라 '1도, 2도' 등으로 분류될 수 있다. 삽화의 내용에 따라서는 '단일 삽화'와 '그룹 삽화'로, 그룹 삽화는 다시 '구조, 배경,

---

[1] '金山詞霸'는 전자사전으로 시작해, 현재 인터넷상에서 단일어 검색뿐만 아니라 다국어 검색이 가능하다.

[2] 劉善濤·王曉(2014: 29) 인용.

열거, 대비' 등으로 분류되기도 한다. 이 장에서는 주로 이미지 제공 형식
에 따라 '삽화(사진 포함)'와 '도표'로 구분하여 사전의 시각 정보를 살피
고, 색도에 따른 구분이나 삽화의 내용에 따른 구분은 필요한 곳에서 언
급하기로 한다.

2.1.1. 시각 정보 유형

1) 삽화

삽화 정보는 그림 정보와 사진 정보를 아울러 이른다. 삽화 정보는 주
로 동식물 표제어에 많이 제공되며, 어떤 물체의 구성을 보이거나 종류들
을 열거하여 보이는 데에도 제공되고 있다.

[그림 1] 이엉, 〈표준국어대사전〉(1999)

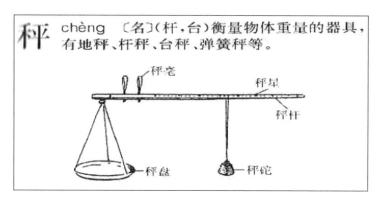

[그림 2] 稱(저울), 〈現代漢語學習詞典〉(2010)

[그림 3] 동식물, 〈보리국어사전〉(2008)

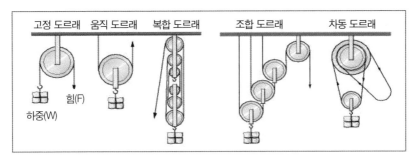

[그림 4] 도르레, 〈표준국어대사전〉(1999)

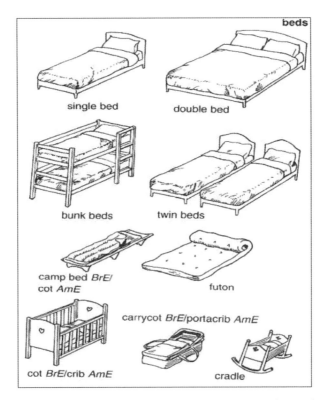

[그림 5] beds, 〈Longman Dictionary of English Language and Culture〉(1992)

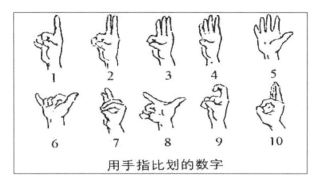

[그림 6] 수신호로 나타내는 숫자, 〈現代漢語學習詞典〉(2010)

종이사전뿐만 아니라 전자사전에서도 표제어 의미의 이해를 돕기 위하여 이미지 정보를 제공하고 있다. 전자사전의 이미지 정보는 종이사전의 그것에 비하여 정보의 양이 많은 것은 물론이고, 컬러 이미지의 사용이나 사진의 다양함에서도 차이가 크다.

[그림 7] 소파, 〈표준국어대사전〉 http://stdweb2.korean.go.kr/main.jsp

[그림 8] pad^1, 〈Longman〉 www.ldoceonline.com

[그림 9] 天平(저울), 〈漢辭網〉 www.hydcd.com

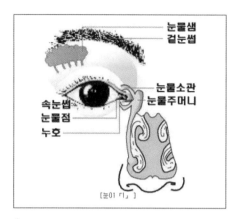

[그림 10] 눈[1], 〈표준국어대사전〉 http://stdweb2.korean.go.kr/main.jsp

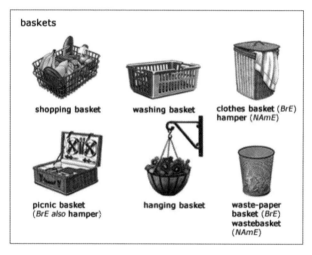

[그림 11] baskets, 〈Oxford〉 www.oed.com

[그림 12] letter boxes, 〈Oxford〉 www.oed.com

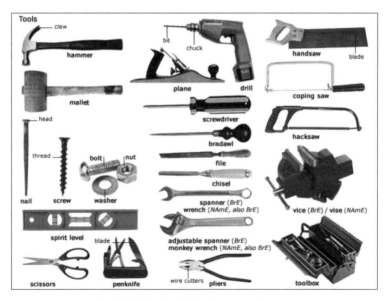

[그림 13] tools, 〈Oxford〉 www.oed.com

2) 도표

도표 정보는 정보의 관계를 일정한 양식으로 나타낸 것으로, 주로 친족어에서 확인할 수 있다.

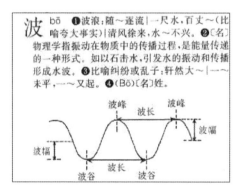

【旁系亲属】pángxì qīnshǔ 直系亲属以外，在血统上和自己同出一源的人及其配偶，如兄、弟、姐、妹、伯父、叔父等（区别于"直系亲属"）。

主要旁系亲属称谓	
称　谓	与本人关系
伯(bó)父、大伯(bó)、伯伯、大爷/叔父、叔叔	父亲的哥哥/弟弟
伯(bó)母、大娘	伯父的妻子
婶母、婶娘、婶婶	叔父的妻子
姑姑、姑妈、姑母	父亲的姐妹
姑父、姑夫	姑姑的丈夫
舅舅、舅父	母亲的兄弟
舅母、舅妈	舅父的妻子
姨母、姨、姨妈	母亲的姐妹
姨父、姨夫	姨母的丈夫
大伯(bǎi)子	丈夫的哥哥
小叔子	丈夫的弟弟
大姑子	丈夫的姐姐
小姑子	丈夫的妹妹
大舅子	妻子的哥哥
小舅子	妻子的弟弟
大姨子	妻子的姐姐
小姨子	妻子的妹妹

[그림 14] 旁系親屬稱謂(방계 친족 명칭), 〈現代漢語學習詞典〉(2010)

[그림 15] 波(파동), 〈現代漢語學習詞典〉(2010)

<우리말샘>은 표제어에 어휘 지도를 도표형과 그물형(네트워크형)으로 제시한다.

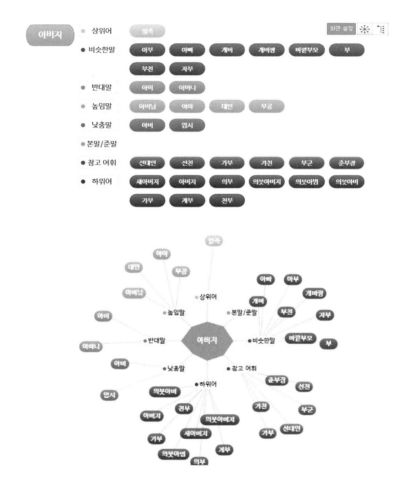

[그림 16] 아버지, 〈우리말샘〉 https://opendict.korean.go.kr/main

2.1.2. 시각 정보의 제시 시 고려할 점

사전은 표제어를 언어로 풀이하지만, 표제어가 전문어이거나 백과사전적 정보를 필요로 하는 경우 이를 글로만 나타내기에 충분하지 않은 점들이 있다. 전통적으로 삽화 등을 통해 부분적으로 제시되던 시각 정보는 전자사전 시대에 들어 그 정보의 양이 크게 증가하였다. <우리말샘>의 멀티미디어 구축 현황을 보면 10,400개의 표제어에 사진, 167개 표제어에 동영상이 제공되고 있으며, 수어 정보를 사진으로 제시한 표제어는 21,230개, 동영상으로 제시한 표제어는 21,228개에 달한다.[3] 이와 같은 시각 정보의 양의 증가는 다음과 같은 고민들이 선결되었을 때 더욱 유의미할 것이다.

먼저, 사전에서 어느 정도의 규모로 시각 정보가 제시되는 것이 적절한가, 그리고 어떤 표제어에 어떤 시각 정보를 어떻게 제시하는 것이 적절한가에 대한 고민이다. [그림 17], [그림 18]을 살펴보자.

[그림 17] yuppie, 〈Longman〉(1992)

---

[3] <우리말샘> 사전 통계, https://opendict.korean.go.kr/main

[그림 17]은 표제어 'yuppie'에 대한 이해를 돕기 위해 제공된 이미지다. 'yuppie'의 의미는 '도시 주변을 생활 기반으로 삼고 전문직에 종사하면서 신자유주의를 지향하는 젊은이들'이다. 그런데 위 삽화로는 'yuppie'가 나타내는 사회 현상을 제대로 이해하기 어렵다. 표제어의 의미를 이해하기 위한 보조 수단의 역할을 제대로 수행하지 못하고 있는 경우라 할 수 있다.

다음으로, <표준>의 '개구리', '두꺼비', '맹꽁이' 표제어의 경우를 살펴보자. 이들 각각의 표제어에는 해당 이미지 삽화 정보가 제시되어 있다. 이러한 삽화 정보는 해당 표제어의 의미를 이해하는 데에 일면 도움이 된다. 그런데 이 세 양서류는 사실 그 생김새가 유사하다. 그래서 이용자들이 이를 제대로 구분할 수 있도록 시각 정보를 제시하는 것이 필요할 수 있다. 이러한 경우에는 '개구리목'에 [그림 18]과[4] 같이 제시하는 것도 하나의 방법이다.

개구리   두꺼비   맹꽁이

[그림 18] '개구리목'에 통합 제시한 방안

마지막으로, 친족어와 같은 경우에는 '가계도' 등의 시각 정보를, 용언의 경우에는 동영상이나 애니메이션 등의 시각 정보를 제시하는 것이 유용할 것이다. 그러나 사진 정보는 용언의 동작성을 보여주기에 제한적일

---

[4] <표준국어대사전> stdweb2.korean.go.kr에서 각 표제어에 제시된 것을 통합하였음.

수 있다. 예를 들어, <표준>의 '시들다'에는 잎이 시든 사진이, '메다'에는 사람이 가방을 메고 서 있는 사진이 제시되어 있다. 그런데 이들 사진에서는 상태나 동작의 결과만을 확인할 수 있다. 주체의 동작이나 자연물의 상태는 결과만 보이는 것보다는 동작이나 상태의 연속성을 보일 수 있는 동영상이나 애니메이션 등을 이용하여 시각 정보를 제시하는 것이 더욱 유용하겠다.

3. 사전에서의 청각 정보

사전에서의 청각 정보는 표제어의 내용 이해에 도움을 줄 수 있는 각종 음향 정보나 음성 정보를 가리킨다. 청각 정보는 음향 음성 데이터의 디지털 처리가 보편화된 21세기 이후로 사전에 제공되기 시작하였다. 종이 사전은 표제어의 발음을 들을 수 있도록 시디롬의 형태로 사전 보조 자료를 제공하였다. 전자사전, 웹 사전, 앱 사전에서도 표제어의 발음 등의 음성 정보를 쉽게 찾아볼 수 있다. 이 장에서는 청각 정보의 제시가 어려웠던 종이사전에서의 발음 정보 처리를 간략히 살피고, 실제 제시되고 있는 청각 정보의 양상을 전자사전을 중심으로 하여[5] 살펴볼 것이다.

3.1. 종이사전

사전에서의 발음 기호는 표제어의 발음을 시각적으로 보이기 위한 것이다. 이를 위해서 우선 어떤 발음을 제공할 것이냐를 고려해야 하고, 제공하기로 한 발음을 얼마나 정밀하게 발음을 표시할 것인가, 어떤 기호를 사용하여 표기할 것이냐 등이 주된 논점이 된다.

국어사전의 경우 표준 발음에 따라 발음 정보를 제시하였다. 또한 발음

---

[5] 사전의 종류에 따라 필요할 경우 간행 사전의 시디롬이나 앱 사전을 참고하였다.

을 표시할 때 정밀한 음성 표기가 아닌 음소 수준의 간략 표기를 선호하
며, 기호로 한글을 사용하였다.[6] 또 모든 표제어의 발음을 보이는 것이
아니라, 음운 변동이 일어나거나 음장 표시가 필요한 경우처럼 표기만으
로 발음 예측이 되지 않는 표제어에 한하여 부분적으로 발음 정보를 제공
한다.

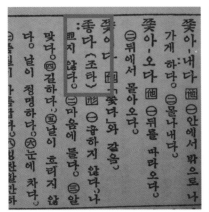

[그림 19] 문세영의 〈조선어사전〉(1938)과 〈외국인을 위한 한국어 학습사전〉(2006)

[그림 19]는 '좋다'의 발음을 표시한 국어사전의 예이다. 왼쪽은 우리
나라 최초의 근대적 국어사전이라고 할 수 있는 문세영의 <조선어사
전>(1938)의 발음 표시이다. 표제어 아래에 '{ }' 기호를 사용하여 발음
을 나타냈다. '좋다'는 첫음절이 장음으로 시작되는 단어로, 이 사전에서
는 장음을 표제어 글자 좌측에 ':'로 표시하였다. 우측은 2006년 출간된
<외국인을 위한 한국어 학습사전>이다. 외국인을 대상으로 하는 학습사
전이므로 발음을 한글과 IPA(Internationnal Phonetic Alphabet)로 표시하

----

6 이와 달리 표준화된 발음 정보 제공을 목적으로 편찬된 발음 사전의 경우, 한글
   과 국제 음성 기호로 정밀한 발음을 표시한다.

였다.

이후 데이터 처리 기술과 매체의 발달로 인해 손쉽게 음향 음성 정보를 가공하고 배포할 수 있게 되면서 사전에서도 청각 정보가 본격적으로 제공될 수 있게 되었다. <Collins COBUILD Advanced Learner's English Dictionary> 5판(2006), <Macmillan English Dictionary> 2판(2007), <Longman Dictionary of Contemporary English> 5판(2009), <Oxford Advanced Learner's Dictionary> 8판(2010) 등 영어 사전은 종이사전을 출간하며 부록으로 시디롬 형태의 전자사전을 제공하여 그를 통해 소리를 들을 수 있게 하였다. 또한 이를 기반으로 한 웹 사전과 앱 사전에서도 다양한 수준의 청각 정보를 제공하기 시작하였다.

다음 장에서는 현재 전자사전에서 제공되고 있는 청각 정보에 대하여 본격적으로 살펴보도록 하겠다.

3.2. 전자사전

디지털 콘텐츠로 제공되는 대부분의 어학 사전은 표제어의 발음을 청각 정보로 제공한다. 사전에 따라 용례까지 청각 정보를 제공하거나, 뜻풀이를 보조할 수 있는 청각 정보를 제공하기도 한다.

3.2.1. 표제어와 발음

표제어의 발음은 청각 정보가 제공되는 대표적인 미시 항목이다. 대부분의 웹 사전 또는 앱 사전에서 표제어의 발음을 들을 수 있다.

사전의 표제어로는 단어뿐만 아니라, 문법 형태소, 구, 절 등이 등재된다. 표제어의 음성 정보 제공 범위는 사전에 따라 다르다. <Oxford>, <Longman>은 물론이고 <Collins COBILD>, <Merriam-Webster>, <Macmillan> 등의 영어 사전, <Duden>, <Langenscheidt>, <Pons> 등에

서 출간된 독일어 사전, <Larousse>와 같은 프랑스어 사전 등 대부분의 해외 사전이 등재된 표제어의 발음을 그대로 제공한다.

국어사전의 경우 <고려대 한국어대사전>(이하 <고려대>)은 포털 사이트 다음을 통해, <표준국어대사전>(이하 <표준>)은 자체 웹 사이트와 네이버를 통해 표제어의 발음을 제시한다. 두 사전 모두 모든 표제어의 음성 정보를 제공하지 않고 표제어를 선별하였다. <표준>은 115,346개의 어휘에 발음을 제공하였고, <고려대>의 경우 학습용 어휘, 고빈도 어휘, 널리 쓰이는 신어, 어문 규정에 실린 어휘를 기준으로 30,000개의 어휘를 선정하였다.[7] 두 사전 모두 이후 표제어의 음성 제공 범위가 전체적으로 확장될 것으로 보이나, 접사 등의 문법 형태소, 규범 발음을 제시하기 곤란한 외래어 등의 음성 정보 제공은 추가적 논의가 필요할 것으로 보인다.[8]

중국어 사전의 경우 표제어의 음성 제시 방법에 특이점이 있다. 중국어는 개별 한자가 하나의 단어이면서 표제자이기 때문에 표제어의 음성 제시 방식이 두 가지로 나타난다. 즉 '國語'와 같이 두 개의 한자로 이루어진 단어의 발음을 'guóyǔ'처럼 붙여서 제시할 수도 있고, 각각의 한자를 분리하여 'guó', 'yǔ'로 제시할 수도 있다. <漢典>의 경우 개별 한자어의 발음을 끊어서 제시하며 <漢辭網>은 표제어를 붙여서 하나의 단어의 발음으로 들을 수 있다.

일본어의 경우 어휘가 합성 또는 파생될 때 그 고유의 악센트가 변화한다. 산세이도(三省堂)의 <신메이카이국어사전(新明解國語辭典)>(이하 <신메이카이>)는 이러한 악센트의 변화를 사전에서 음성 정보로 제공한다. [그림 20]처럼 <신메이카이>는 표제어의 음성을 들을 수 있고, 표제

---

7 자세한 선정 기준은 도원영·노석은·박미경(2014) 참조.
8 네이버의 경우 <표준>에서 제공하는 것 외에 자체적으로 녹음한 음원을 제공하는데, 외래어의 발음이 포함되어 있다.

어와 관련된 복합어까지 음성을 들을 수 있다. 일본어 사전에서는 고유 문자인 가나가 소리와 일대일 대응되기 때문에 발음 항목을 따로 두지 않는 경우가 많다. 그러나 어휘마다 고유한 악센트가 있고 그 악센트가 지역별로 차이가 크기 때문에 사전에 악센트 정보를 포함하고 있다. <신메이카이>에서는 표제어 아래에 ⓪과 같이 악센트 정보를 주고 있다. 어휘에 따라 악센트가 여러 가지 있는데 이 경우 두 악센트 모두 발음을 들을 수 있다.

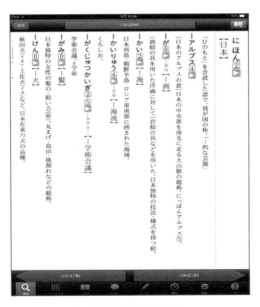

[그림 20] 〈신메이카이〉

이러한 음성 정보의 제공은 시각적 발음 정보와 일치하는 것은 아니다. <OXFORD>와 <Longman>의 경우 표제어의 발음을 IPA(International Phonetic Alphabet)로 제시하는데, 접사나 구 표제어의 경우 이러한 발음 표시를 제공하지 않으나 음성 정보는 제공한다. 프랑스어 사전인 <Larousse>,

독일어 사전인 <Langenscheidt>의 경우 사전의 미시 구조에 발음 항목이 포함되지 않는다.[9]

마지막으로 다언어 사전의 경우 해당 어휘의 모든 대역어에 음성 정보를 제공하기도 한다. <Collins COBUILD>, <Larousse>, <Langenscheidt> 등 사전 전문 출판사에서 출간된 다언어 사전이 그러하다. 이러한 사전들은 일언어 사전을 포함하여 유럽어를 중심으로 한 이언어 사전이 다수 출간되어 있다. 이들은 사전 사이트를 통해 번역 서비스를 제공하며 이를 통해 표제어와 대역어의 음성을 모두 들을 수 있다. 심지어 <Collins COBUILD>의 경우 [그림 21]과 같이 한 어휘에 대하여 여러 언어의 대역에 대해 표기형과 발음을 확인할 수 있다.

또 동일한 표제어의 발음이 여러 가지인 경우, 이를 청각 정보로 제공할 수 있다. 예를 들어 <OALD>, <Longman> 등 영국에서 간행된 영어 사전은 미국식 영어 발음과 영국식 영어 발음을 모두 음성으로 들을 수 있다.

----

[9] <Langenscheidt>는 학습사전임에도 불구하고 발음 표시 항목을 별도로 두지 않고 표제어에 간략한 기호를 써서 모음의 장단, 이중 모음 등을 표시한다. 그러나 'Beefsteak'와 같은 차용어의 경우 독일어의 발음 규칙과 다르게 발음하기 때문에 IPA로 따로 발음을 표시해 준다. 이는 <Duden>, <Pons> 등 다른 독일어 사전과의 차이점이다.

▶ Translations for 'violin'

British English: violin 🔊 A *violin* is a musical instrument with four strings stretched over a shaped hollow box. You hold a violin under your chin and play it with a bow. My sister plays the violin. ˌvaɪəˈlɪn
NOUN

Arabic: كمان 🔊   Brazilian Portuguese: violino 🔊
Chinese: 小提琴 🔊   Croatian: violina 🔊
Czech: housle 🔊   Danish: violin 🔊
Dutch: viool 🔊   European Spanish: violín 🔊
Finnish: viulu 🔊   French: violon 🔊
German: Geige 🔊   Greek: βιολί 🔊
Italian: violino 🔊   Japanese: バイオリン 🔊
Korean: 바이올린 🔊   Norwegian: fiolin 🔊
Polish: skrzypce 🔊   Portuguese: violino 🔊
Romanian: vioară *viori*   Russian: скрипка 🔊
Spanish: violín 🔊   Swedish: fiol 🔊
Thai: เครื่องดนตรีประเภทสีชนิดหนึ่ง 🔊   Turkish: keman 🔊
Ukrainian: скрипка   Vietnamese: đàn Violin 🔊

[그림 21] http://www.collinsdictionary.com/dictionary/english/violin

그 외의 복수 발음에 대해서는 같은 언어라 하더라도 사전에 따라 처리가 다르다. <OALD>는 표제어의 영국식과 미국식 발음을 모두 제시하였을 뿐만 아니라 복수 발음을 충실히 제시하고 있다. [그림 22]처럼 'data'의 경우 [ˈdeɪtə], [ˈdɑːtə](영국식), [ˈdeɪtə], [ˈdætə](미국식) 등 4개의 발음을 보이고 모두 음성 정보를 제공하고 있다. 이런 식의 복수 발음은 모두 수용 가능한(acceptable) 것이다. 일반적으로 앞에 제시된 발음이 뒤에 제시된 것보다 더 널리 쓰인다.

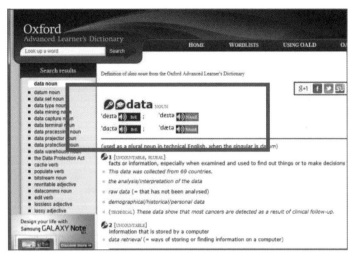

[그림 22] 〈OALD〉의 복수 발음 표기

<Longman>의 경우 사전에 복수 발음으로 표시되었더라도 음성은 하나의 발음만 들을 수 있다. 예를 들어 'scone'의 경우 발음 표시는 /skɒn, skəʊn ‖ skəʊn, skɑːn/으로 되어 있고 영국식, 미국식 각각 앞에 표시된 발음에 해당하는 음성만 하나씩 들을 수 있다.

한편 영어의 문법 형태소들은 강세를 받을 때와 받지 않을 때 그 발음이 달라지는데 이런 경우 사전에 따라 음성 정보의 제공이 다르다. 예를 들어 'them'의 경우 강화 형태(strong form)는 [ðem], 약화 형태(weak form)는 [ðəm]이다. <OALD>는 이러한 경우 두 발음을 모두 음성으로 제공하지만, <Longman>의 경우는 그렇지 않다. 또 <OALD>의 경우 'and'와 같은 문법 형태소의 경우 영국식 발음만 4가지로 [ənd], [ən], [n](especially after /t//d/), [ænd](strong form)으로 음운론적 환경에 따른 발음의 변화를 모두 음성으로 들을 수 있다.

국어사전에서의 복수 발음은 현재로서는 규범에 허용된 복수 발음만이 제시된다. <고려대>, <표준> 모두 규범에 허용된 복수 발음의 경우 두 발음의 음성을 모두 제시하고 있다.

3.2.2. 용례 및 기타 음성 정보

사전의 용례를 사람이 녹음한 음성으로 제공하는 사전으로 <OALD> 와 <Longman>이 있다. <OALD>는 용례의 음성도 표제어와 마찬가지로 영국식과 미국식을 모두 제공하고 있다. 단, 구 용례의 음성은 제공하지 않았고 문장 용례에 대해서만 음성 정보를 제공하고 있다. 이때 모든 표제어가 반드시 용례가 있는 것은 아니며, 용례가 있다 하더라도 음성이 제공되지 않기도 하였다.

<Longman>은 총 88,000개의 문장 용례를 제공한다고 밝히고 있는데, 사전이 출간되었던 2009년 시점에서 사전의 용례, 즉 문장 단위까지 음성을 제공한 유일한 예였다. 용례의 경우 주로 영국식 발음으로 음성이 제공되고 일부 용례가 미국식으로 제공되고 있다. 스피커 아이콘에 마우스를 대면 해당 문장의 음성이 영국식 발음인지 미국식 발음인지 확인할 수 있다. <Longman>의 용례에는 대화가 포함되어 있는데 이러한 대화문조차 모두 한 사람이 이어 발화하였다. 즉 실제성이나 구어의 자연스러움을 강조하여 음성을 제공하고 있는 것으로 보이지는 않는다.

표제어 항목과 연관되어 파생어나 활용형의 발음을 제공하는 경우가 있다. <OALD>의 경우 동사의 규칙 활용형은 사전에 음성 정보가 제시되지 않지만, [그림 23]의 'take'처럼 불규칙 활용을 하는 동사는 표제어 아래에 불규칙 활용의 형태(철자)와 발음, 그 음성을 제공하였다. 또한 부표제어인 파생어의 음성 정보도 제공된다. 예를 들어 [그림 23]의 'define' 항목 말미에 제시된 파생 형용사 'definable'은 품사 정보만 제시되고 따로 발음 기호는 없지만 발음을 음성으로 들을 수 있다. 유의어, 반의어와

같은 관련어의 경우 음성 정보를 제공하지 않는다.

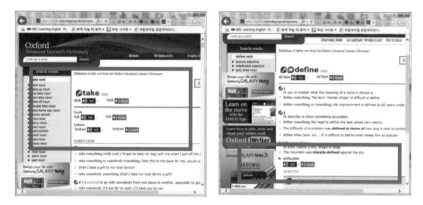

[그림 23] 불규칙 동사 활용형과 파생어의 발음

<Larousse>의 경우 형태 변화를 표제어에 포함시켜 발음을 제시하기
도 한다. 'étudiant, étudiante'처럼 성 구별이 되는 명사의 경우 두 명사가
모두 한 표제항에 제시되고 그 발음도 각각 음성으로 들을 수 있다. 부정
대명사 'un, une, uns, unes'의 경우도 모두 한 표제항으로 제시되고, 발음
도 순서대로 음성으로 들을 수 있다. 이런 식으로 표제항에 표시되는 경
우만 음성을 제공한다.

형용사의 경우 [그림 24]에서 보듯 성에 따른 변화를 표제어에 제시하
였으며, 이러한 경우 발음 역시 모두 들을 수 있다. 그러나 동사의 경우
기본형만 표제어로 제시되어 있으며, 음성 역시 기본형의 발음만 들을
수 있다.

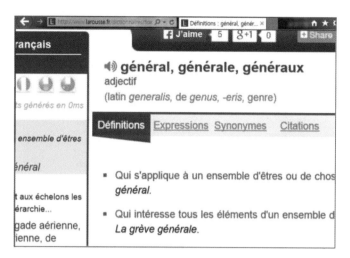

[그림 24] 〈Larousse〉의 형용사 표제어

　〈Langenscheidt〉의 경우 표제어 위주로 음성을 제공하나, 몇몇 변화형
들은 표제어가 아니라도 음성을 들을 수 있다. 예를 들어 [그림 25]처럼
기본형 표제어인 'Student'의 여성형인 'Studentin'을 검색할 경우 사전은
'Student'로 연결되지만 발음은 검색창에서 들을 수 있는 형식이다. 경우
여성형인 'Studentin'이 'Student'의 부표제어로, 독립된 항목을 가지고
있지 않은데도 음성은 들을 수 있다.

[그림 25] 〈Langenscheidt〉 명사의 성 변화

마지막으로, 대만 교육부의 <教育部國語辭典簡便本>의 음성 정보는
독특하다. 허학인(2013)에 따르면 이 사전은 대만 교육부에서 초중고교
및 외국인 학습용 사전으로 간행한 것이다. 이 사전은 사전의 전체 내용
을 모두 낭독해 준다는 점에서 지금까지 살펴본 다른 사전들과 큰 차이가
있다. [그림 26]과 같이 사이트에[10] 접속하여 표제어를 찾으면 스피커 아
이콘이 있는데, 그 아이콘을 누르면 표제어1(연속 발화), 표제어2(한자 하
나씩 단독 발화), 뜻풀이, 용례 등 사전 항목을 제시된 순서대로 차례로
읽어 주는 형식이다. 음성 파일이 세부 항목별로 구분되어 있지 않고, 그
항목의 전체 내용을 전부 들려준다. 이는 전체 내용을 들을 수 있다는
점에서 시각 장애인이나 글자를 읽기 어려워하는 사람, 외국인 학습자
등에게 유용하다. 다만 필요한 부분만을 골라 듣기 원하는 이용자들에게

----

10 http://dict.concised.moe.edu.tw/main/cover/main.htm

는 수동으로 필요한 부분을 찾아야 하는 점이 있다.

[그림 26] 대만 교육부의 〈敎育部國語辭典簡便本〉

3.2.3. 보조적 청각 정보

<Macmillan English Dictionary>는 2007년 2판을 출간한 이후, 웹을 통해서만 개정된 사전 정보를 서비스한다. 이 사전은 발음 정보 외에 사전의 표제어를 이해하는 데 도움이 되는 별도의 음향 정보를 제공한다. [그림 27]은 'violin'으로, 음표가 그려진 아이콘을 클릭하면 바이올린의 연주 소리를 들을 수 있다.

이러한 청각 정보는 특히 소리와 관련된 항목에서 표제어를 이해하는 데 큰 도움을 줄 수 있다. 예를 들어, <고려대 한국어대사전>의 '바이올린'은 다음과 같이 기술되어 있다.

[그림 27] 〈Macmillan〉의 보조 청각 정보

바이올린(violin) [{영}violin]「명사」[음악] 서양의 대표적인 현악기. 몸체
는 가운데가 잘록한 타원형이며 네 줄을 매어 활로 문질러 연주한다. 음색
이 아름답고 음넓이가 넓어 독주, 실내악, 관현악에 널리 쓰인다. ¶지은이
는 첼로보다 ~의 음색을 더 좋아한다. / 복고풍으로 장식된 레스토랑의
실내에는 ~ 선율이 잔잔히 흐르고 있었다. <유의> 비올롱{1}(violon), 제
금2{2}(提琴). <잘못> 바이얼린{1}.

위와 같은 기술은 소리를 기술하기 위한 최선의 선택이나, '음색이 아
름답고 음넓이가 넓어'라는 표현으로는 실제로 어떤 소리가 나는지 판단
하기가 쉽지 않을 것이다. 이 외에도 '음색이 맑고 음역이 높으며'(보이
소프라노), '음색이 중후하고 웅대하다(베이스)', '음색이 부드럽고 웅장
하다(징)'과 같은 술어가 악기나 목소리의 음색을 표현하는 데 쓰인다.
'웅대하다', '웅장하다'와 같은 술어만으로 내용을 이해하기에 어려움이
있을 수 있다.

아래에 제시된 '비올라'와 '첼로'의 <고려대> 뜻풀이를 살펴보자. 뜻풀이에서 볼 수 있듯 이렇게 계통이 있는 악기의 경우 그 모양과 소리를 대비해서 보여 주는 시청각 자료가 필요하다.[11]

비올라「명사」[음악] 현악기의 하나. <u>바이올린보다 조금 크고 첼로보다 작은 크기</u>이며, 4줄로 되어 있다. <u>바이올린보다 5도 낮은 음을 내 바이올린과 첼로의 중간 소리</u>를 맡는다. 관현악, 실내악 따위의 서양 음악에서 중요한 자리를 차지한다.

첼로「명사」[음악] <u>바이올린 계통의 대형 저음 악기</u>의 하나. 줄이 넷이며, 음역이 넓고 차분하며 유연한 소리를 낸다.

이뿐만 아니라 소리와 관련된 형용사에도 음향 정보는 큰 도움을 줄 수 있다. '낮다'의 <표준> 5번 의미는 다음과 같다.

낮다「형용사」「5」소리가 음계에서 아래쪽이거나 진동수가 작은 상태에 있다.

'낮다'는 정도성을 가진 형용사로, 위와 같은 뜻풀이로는 낮음의 정도를 가늠하기 어렵다. 소리와 관련된 위의 뜻풀이를 이해하기 위해서는 음악적 지식이나 음향학적 지식이 필요하다. 이러한 경우 '낮다', '높다'와 관련된 대비된 음향 정보가 사전에 수록된다면 이해를 더할 수 있다. 현재로서는 앞서 언급한 <Macmillan>이나 웹으로 서비스되는 백과사전에서 일부 표제어에 한해 이러한 청각 정보를 확인할 수 있다. 앞으로 이러한 정보가 좀더 풍부하게 수록되어야 할 것이다.

---

11 또한 이 악기들이 모여 연주하는 '사중주' 등의 항목에서는 소리와 영상이 모두 있는 동영상 정보 등도 도움이 될 수 있다.

3.2.4. 청각 정보의 녹음 정보 및 녹음 참여자

사전의 음성은 사람이 실제로 녹음하거나 음성 합성을 이용하여 수록된다. 이때 이러한 음원 소스에 대한 정보를 제공하는 일도 중요하다. 많은 사전이 합성음을 사용하고 있는데, 이와 대비되어 모어 사용자가 직접 녹음에 참여한 경우에도 녹음자와 관련된 정보를 제공하는 경우가 드물었다. 이와 관련해 녹음자의 배경에 대해 밝힌 사전을 위주로 그 양상을 소개하고자 한다.

사전 녹음에 참여한 사람들은 보통 표준어 화자이거나 전문 방송인이 대부분이다. <표준>의 녹음과 관련하여 '네이버'에서 7개 방송사 소속 아나운서가 녹음을 하였고, 국립국어원이 감수하였다고 밝혔다.

영어 사전의 경우 음성 녹음과 관련한 정보는 따로 제공하고 있지 않으나, <OALD>의 경우 사전의 부록에서 영국식 발음은 RP(Received Pronunciation) 화자와, 이와 비슷한 악센트로 특정 지역어라는 느낌이 강하지 않은 젊은 세대의 발음을 기준으로 하였다고 제시하였다. 미국식 발음 역시 특정 지역이 떠오르지 않는 가장 일반적인 발음을 선택하였다고 기술하였다.[12] 녹음자 역시 이를 기준으로 선발하였을 것으로 추측할 수 있다.

일반 언어 사전이 아니라 특수 사전인 발음 사전의 경우에도 음성 정보가 제공된다. 이런 경우 방송사의 아나운서가 발음 녹음에 참여하는 경우가 대부분이다. 일본어의 발음 사전으로, ＮＨＫ방송문화연구소(放送文化研究所)에서 2002년 펴낸 <ＮＨＫ일본어발음악센트사전(日本語發音

---

[12] The British pronunciations given are those of younger speakers of General British. This includes RP(Received Pronunciation) and a range of similar accents which not strongly regional. The American pronunciations chosen are also as far as possible the most general(not associated with any particular region)(<OALD> 2010, R45).

アクセント辞典)>이 있는데 6만 9천 개 어휘를 아나운서가 녹음하였다고 밝히고 있다.[13] 또 독일어 정서법의 규범을 제시하는 <Duden Die deutsche Rechtschreibung>을 비롯한 여러 사전들은 부록 시디롬이나 애플리케이션, 웹 페이지를 통해서 표제어에 대한 음성을 제공한다. 독일 방송국 ARD의 아나운서에 의해 녹음되었다고 밝히고 있다.

4. 사전의 동영상 정보

사전의 정보가 웹에서 제공되면서, 크게 기대되는 것 가운데 하나가 동영상 정보의 제공일 것이다. 그러나 실제로 전자사전에서 동영상 정보를 접하기가 쉽지 않다. 이는 접근의 문제라기보다는 정보 제공의 양이 현격하게 저조하기 때문이다. <우리말샘>에서 167개의 표제어에 대해 동영상을 제공하고 있는데,[14] 이는 청각 자료인 발음 음성 160,090개, 시각 자료인 사진 10,400개에 비하면 상당히 적은 수이다. 사진과 동영상은 모두 표제어의 의미를 보완하여 설명하기 위해 제공되는 자료이다. 양적으로 이러한 차이가 나는 것은 동영상의 정보 제공이 이제 구축을 시작하는 단계에 있기 때문으로 보인다.

동영상 정보는 동작이나 상태 변화를 뜻하는 용언, 의성의태어와 같은 부사, 동작성이 있는 명사를 설명할 때 유용하다. <우리말샘>의 동영상 정보도 이러한 표제어 위주로 구축되어 있다. 예를 들어 '바람이 가볍고 부드럽게 살랑살랑 부는 모양'을 뜻하는 부사 '간들간들'을 찾으면 갈대

---

[13] 이 사전은 이와나미서점(岩波書店)의 <고지엔(廣辭苑)> 전자사전에 탑재돼 있다.
[14] 국립국어원에서 제공하고 있는 <표준>, <우리말샘>, <한국어기초사전>은 동일한 멀티미디어 자료를 공유하고 있다. 각 사전의 멀티미디어 정보의 개수는 사전 표제어에 따라 다소 차이가 있을 뿐이다. 이 글에서는 표제어 개수가 가장 많은 <우리말샘> 위주로 기술하였다.

등 여러 식물이 바람에 흔들리는 모습이 담긴 동영상을 볼 수 있다. 또 '몸을 자꾸 크게 부르르 떠는 모양'인 '부들부들'을 찾으면 불을 쬐고 있다가 꺼져서 추워하는 사람의 모습을 애니메이션으로 볼 수 있다. 이렇듯 사진으로 나타내기 어렵고, 기술만으로는 나타내기 어려운 점을 보완해 주는 데 동영상 정보는 유용하다.

<우리말샘>의 동영상은 실사로 촬영한 동영상과 표제어에 맞는 상황을 포함하여 제작한 애니메이션 두 종류가 있다. 간단한 동작이나 상황을 보여줄 수 있는 것들은 실사로 제작되었고, 설명에 맥락이 필요하거나 이미 사라진 풍습 등 기존에 구축되지 않은 자료인데 재현하기 어려운 것들에 애니메이션이 활용된 것으로 보인다. 표제어 단독으로 볼 때는 이러한 점은 크게 문제가 되지 않으나 동일 부류의 표제어를 여러 개 찾아볼 때 통일성이 부족하다는 느낌을 받을 수 있다. 예를 들어 민속놀이를 찾을 때 '공기놀이'는 실사로 보이지만, '기차놀이'는 애니메이션을 볼 수 있다. 또 '제기차기'는 동영상이 아닌 사진만 제공된다. 시각 정보에서 다룬 것처럼 어떤 표제어에 어떤 자료를 넣을 것인지 결정하는 데는 많은 고려사항이 있다. 또 모든 표제어에 동일한 형식의 자료를 제공해야 하는 것도 아니다. 그러나 제작 단계에서 동일 부류의 자료는 통일성을 갖추고, 동영상 정보가 품사 간이나 특정 부류에 편중되지 않고 필요한 것에 고루 분포될 수 있도록 고려하는 것은 필요하다.

마지막으로 동영상 정보를 제공할 때 시간에 대해서 고려해야 한다. 자료가 구축되기 시작한 현재 단계에서 적절한 동영상의 길이는 어느 정도인지, 이용자들은 제공된 동영상 정보를 끝까지 보는지를 단언할 수는 없다. 다만 약 15초 정도 되는 영상이라 할지라도 간단히 단어의 뜻만 알고 싶은 학습자에게는 길게 느껴질 수 있다. <우리말샘>의 경우 한 장의 그림으로 보여줄 수 없는, 상황 설명이 필요한 표제어에 애니메이션을

활용하는데 본격적인 의미가 드러날 때까지 배경 맥락이 동영상의 앞부분을 차지한다. 위에서 언급한 '부들부들'은 13초짜리 동영상인데, 모닥불을 피우고 그 앞에 앉은 사람이 있고, 비가 내려 모닥불이 꺼지는 장면까지의 배경 맥락이 대부분을 차지하고, 부들부들 떠는 장면은 8초가 되어서야 등장한다. '간들간들'은 동영상을 재생하자마자 바람에 흔들리는 모습을 볼 수 있는 것과 대조적이다. 이용자 입장에서는 '간들간들'처럼 재생하자마자 바로 그 의미를 짐작할 수 있는 것이 좋다. 이러한 점에서 어떻게 맥락을 제공하는 것이 적절할지는 이용자의 의견을 지속적으로 수렴하여야 할 것이다.

참고로, 국립국어원 홈페이지에서는 2016년 4월부터 한국수어사전을 개통하여 서비스하고 있다.[15] 한국수어사전은 농인과 청인이 한국수어 단어에 대한 한국어 정보를 쉽게 찾아볼 수 있도록 기존의 한국수어 웹 사전과 모바일 앱 사전 그리고 책으로 제공되던 전문용어 사전을 통합하여 새롭게 정비한 사전이다. 수어 정보(수어 동영상, 수형 사진, 수형 설명, 원어 정보, 동형어, 반형어 등)와 한국어 정보(표제어, 품사, 뜻풀이, 용례)가 함께 제공된다.

5. 맺음말

지금까지 사전의 시각 정보와 청각 정보의 현황에 대해 살펴보았다. 종이사전에서 특히 언어 사전에서 삽화의 기능은 표제어, 뜻풀이, 용례 등을 해석하는 보조적인 수단으로 볼 수 있다. 그런데 백과사전적 성격을 띤 일반 사전에서 언어로 직접 풀이하는 것 이외의 방법으로 주로 글자색, 약물, 참고 상자 등의 비언어적 요소에 시각화 편집을 하였으며, 시각 자

---

[15] http://sldict.korean.go.kr

료도 사용되기 시작하였다. 그러나 그 제시 원칙에 대한 논의는 미비한 상황이다. 일반 사전과는 달리 학습사전은 주로 외국인 학습자를 대상으로 한다. 그 때문에 학습자의 특성을 반영한 시각 정보가 요구된다. 연령에 따라서도 시각 자료가 달라질 수 있다. 일언어 학습사전과 이언어 학습사전에 따라서도 시각 자료의 내용에 차이가 있었다.

종이사전의 시각 자료에 확인한 문제점 또는 한계점은 다음과 같이 정리된다. 우선 종이사전이 가진 지면상의 한계로, 다양한 컬러의 제시(비용 문제)나 움직임, 소리와 같은 시청각 정보에 대한 것은 정확하게 제공하기 어렵다. 학습사전의 경우에는 문화적인 요소가 가미되기도 한다. 그러나 어느 시기에만 특정하게 나타나는 문화 요소의 경우에는 개정판이 나올 때마다 수정·보완하기가 쉽지 않다. 또한 종이사전에서 제공하는 시각 정보는 매우 주관적이고 수의적이라는 인상이 지배적이다. 형식적인 면에서도 이미지의 위치나 크기에 대한 고민은 오롯이 편집자의 몫이었다.

종이사전이 가진 한계점과 다양한 제약들은 멀티미디어가 제공되는 인터넷 사전으로 전환되면서 다수 해결될 수 있다. 다만 시각 정보를 제시하기 위한 구체적인 기준이 마련되어야 한다. 시각 정보가 어느 정도의 규모로 제시되는 것이 적절한가, 어떤 표제어에 제시하는 것이 유용한가, 제공된 이미지가 표제어 의미를 이해하는 데에 정말로 유용한가 등에 대해 논의할 필요가 있다.

사전의 청각 정보는 앞서 살펴본 것처럼 표제어의 발음을 중심으로 용례, 기타 보조적 청각 정보에 이르기까지 확장되고 있는 추세이다. 이러한 청각 정보는 어휘 학습을 목적으로 하는 사전 이용자에게 큰 도움이 될 수 있다. 영어 사전을 제외하고 다른 언어의 경우 학습사전의 편찬도 미약하고, 사전에 대하여 청각 정보를 제공하는 점도 부족한 편이다. 이는 영어가 세계적으로 많은 학습 수요가 있기 때문일 것이다. 사전에 더 좋은 청각 정보를 제공하기 위해 앞으로 다음과 같은 점이 고려되어야 한다.

첫째, 음성을 제공할 사전의 미시 항목을 결정해야 한다. 음성 정보를 어디까지 들려줄 것인지 사전의 목적과 기능, 현실적 한계를 고려하여 범위를 결정할 필요가 있다.

둘째, 표제어와 용례 등 발음 학습을 목적으로 이용하는 청각 정보의 경우 적절한 발화자를 선정해야 한다. 또한 학습에 적절하도록 명료한 발음과 자연스러운 운율이 실현될 수 있도록 해야 한다.

셋째, <Macmillan>과 같은 보조적 청각 자료를 어떻게 제공할 것인지 그 범위와 방법에 대한 고민이 더 필요하다.

청각 정보와 관련해 단순히 사전의 특정 항목을 낭독하는 데 그치는 것이 아니라 이용자에게 효과적으로 언어에 대한 음성적 정보를 제공하기 위해 어떤 점을 고려해야 하는지 좀더 다각적인 검토가 필요할 것으로 보인다.

참고 문헌

권혁승(2003), 「영국사전학의 전통과 최근 학습자사전의 혁신」, 『한국사전학』 1.

김선철(2006), 「국어대사전의 새로운 발음정보 처리 방법에 대하여」, 『언어학』 46.

김수진(2007), 「학습자 사전에서의 시각 자료 제시에 대하여 –영어 학습자 사전과 한국어 학습자 사전을 중심으로–」, 『국제한국어교육학회 국제 학술대회 발표자료집』.

도원영·차준경(2009), 「<고려대 한국어대사전>의 종합적 고찰」, 『민족문화

　　　연구』 51.

도원영·노석은·박미경(2014),「학습자를 위한 국어사전 음원화 작업에 관한 연구: <고려대 한국어대사전>을 중심으로」,『한국어학』 62.

박미경·노석은·도원영(2014),「한국어 학습자를 위한 듣기 자료의 비판적 고찰」,『2014 우리어문학회 동계학술대회 발표집』.

박수연(2006),「한국어 학습 사전의 연구 동향 분석」,『이중언어학』 31.

배주채(2009),「외국인을 위한 한국어사전 개관」,『한국사전학』 14.

서상규 편(2003),『한국어 교육과 학습 사전』, 한국문화사.

안의정(2015),「디지털 인문학 시대의 사전 편찬」,『한국사전학』 24.

원미진(2011),「한국어 학습자 사전의 용례 기술 방법에 대한 연구」,『한국사전학』 17.

유현경·남길임(2009),『한국어 사전 편찬학 개론』, 역락.

유제선(2006),「한국 대학생의 영어사전 사용실태에 대한 연구」, 한국사전학』 8.

이진호(2012),『한국어의 표준 발음과 현실 발음』, 아카넷.

이홍식(2012),「<외국인을 위한 한국어 학습 사전>의 사전학적 고찰」,『국어국문학』 162.

정영국(2009),「외국인을 위한 한국어 학습 사전의 전망: 영어 학습자 사전의 경우에 비춰 본 고찰」,『한국사전학』 14.

정영국(2010),「「옥스포드 영한사전」 편찬 작업 및 본 사전의 특징」,『한국사전학』 16.

조남호 외(2005),『한국어 학습자용 말뭉치의 구축과 활용』, 태학사.

허학인(2013),「대만 한자사전의 웹정보화와 미래」,『제4회 동양학연구원 사전학 국제학술회의 발표논문집』, 단국대 동양학연구원.

홍종선(2010),「국어사전의 성과와 과제(6): 용례-언어의 이해와 표현에 기여하는 사전의 편찬을 위하여」,『어문논집』 61, 민족어문학회.

홍종선·최호철·한정한 외(2009).『국어사전학 개론』, 제이앤씨.

Al-Kasimi.(1983), *Linguistics and Bilingual dictionaries*, Leiden: E.J.Brill.

Bo, Svensen(2009), *A Handbook of Lexicography: The theory and practice of dictionary-making*, Cambridge University Press.

Drydale(1987), The role of examples in a learner's dictionary, In *The Dictionary and the Language Learner.*

Hartmann(Ed.)(1983), Lexicography: Principle and Practice. (하트만 편 (2008), 『사전편찬의 원리와 실제』, 서태길·김양진·도원영·이상혁·권오희 공역, 「민연 국어학 총서 3」, 제이앤씨.)

Rubin J. & Thompson I.(1994), *How to Be a More Successful Language Learner: Toward Learner Autonomy*, Boston: Heinle & Heinle Publishers.

陳偉·張柏然(2007), 「教學功能突顯與詞典範式演變」, 『外語界』第6期.

馮春波(2009), 「詞典插圖分類初探」, 『辭書研究』 第5期.

劉　楠(2012), 「中型語文詞典插圖初探」, 『中國編輯』 第4期.

劉善濤·王曉(2014), 「對外漢語學習詞典插圖配置研究」, 『辭書研究』 第2期.

尹秀紅(2011), 「超鏈接在網頁中的應用」, 『現代教育』 第9期.

참고 사전

고려대학교 민족문화연구원(2002), <중한사전>, 고려대학교 민족문화연구원.

고려대학교 민족문화연구원(2009), <고려대 한국어대사전>, 고려대학교 민족문화연구원.

두산동아 사서 편집국(2005), <동아 영어입문사전>, 두산동아.

서상규 외(2006), <외국인을 위한 한국어 학습 사전>, 신원프라임.

연세대학교 언어정보개발연구원 편(1998), <연세한국어사전>, 두산동아.

Colletif(2013), Dictionnaire Le Petit Robert 2014, Rebert.

Hans Wellmann, Günther Haensch, & Dieter Götz(2010), Langenscheidt Großwörterbuch Deutsch als Fremdsprache, Langenscheidt.

Joanna Turnbull(2010), Oxford Advanced Learner's Dictionary, Oxford University Press.

Larousse(2013), Le Grand Larousse illustré 2014, Larousse.

Larousse(2014), Larousse Dictionnaire de français, IOS7.

Longman(1992), Longman dictionary of english language and culture, Longman dictionaries.

Merriam-Webster(2008), Merriam-Webster's advanced Learner's English Dictionary, Merriam-Webster, Inc.

Michael Rundell(2007), Macmillan English Dictionary for Advanced Learners, Macmillan Education.

Pearson Longman(2009), Longman Dictionary of Contemporary English 5/E, Pearson Longman.

Turnbull, J., Lea, D., & Parkinson, D.(2010), Oxford Advanced Learner's Dictionary 8/E, Oxford Univ.Press.

商務印書館辭書硏究中心編(2010), <現代漢語學習詞典>, 商務印書館.

中國社會科學院語言硏究所詞典編輯室編(2012), <現代漢語詞典> 第6版, 商務印書館.

羅竹風 編(2014), 漢語大詞典(CD), 商務印書館(香港)有限公司.

三省堂(2014), 新明解國語辭典, NEC Biglobe, Ltd.(IOS용).

국립국어원 편(2014), <표준국어대사전>. http://www.korean.go.kr

국립국어원 편(2014), <한국어 기초사전>. http://krdic.korean.go.kr

국립국어원 편(2016), <한국수어사전>. http://sldict.korean.go.kr

OXFORD www.oed.com

Longman www.ldoceonline.com

Duden www.duden.de

Langenscheidt https://de.langenscheidt.com/

Larousse www.larousse.fr

漢辭網 www.hydcd.com

漢典 www.zdic.net

金山詞霸 http://hanyu.iciba.com

中華民國敎育部國語推行委員會(2000), 敎育部 《國語辭典簡編本》 網路版, http://dict.concised.moe.edu.tw

5장

새로운 사전의 필요성과 가능성

도원영(고려대)

1. 머리말

사전은 낯선 세상을 이해하는 데 필요한 가장 익숙한 참조 텍스트이다. 동서고금을 막론하고 특정한 대상을 배우고 익히고 전하기 위해 표제어를 모아 내용을 채워서 책의 형태로 만들어 왔다. 호주머니에 들어가는 앙증맞은 크기의 사전부터 가죽 장정을 두르고 서가의 중앙을 차지하며 지식과 교양의 상징으로 여겼던 대사전까지 그 종류도 다양하다. 사전 용지로 주로 쓰이는 라이온코트지 특유의 질감에 사람의 오랜 손때가 묻어서 배어나는 냄새를 우리는 기억한다. 하지만 유구한 역사를 자랑하며 책의 형태로 유통되던 사전은 20세기 말에는 시디롬 사전과 전자사전으로 형태를 달리하였고 21세기에 들어선 지 불과 십수 년 만에 웹 사전이 사전 시장을 주도하고 있다.

비단 사전의 형태만 변한 것이 아니다. 사전의 편찬 방식도, 출판 방식도, 유통 방식도, 사용 방식도 바뀌었다. 종이카드에 표제어를 하나씩 기입하고 집필을 하던 시절에는 출판사가 생산하고 총판과 서점이 유통을 담당하였다. 졸업과 입학 시즌이면 어김없이 선물로 사전을 주고받던 풍경은 아스라한 과거의 추억이 되어 버렸다. 모르는 말을 찾기 위해 종이사전을 뒤적이기보다는 검색창에 깜박이는 커서를 보며 전투적으로 단어를 입력한다. 이제 포털의 검색창은 무엇이든 찾아주고 설명해 주는 거대한 사전으로 들어가는 통로와 다르지 않다. 자연히 종이사전의 출판과 유통에 참여했던 많은 사람이 사라지고 온라인 사전, 앱 사전의 편찬과 유통에 참여하는 주체들이 늘고 있다. 사전 업계도, 사전 문화도 바뀌었다.

언제 어디서든 모르는 말을 찾을 수 있는 디지털 환경이 일반화된 지금, 사전을 만들고 연구하는 우리는 과연 무엇을 향해 나아가야 하는지에 대해 좀더 진지하고 섬세하게 천착해야 할 때이다. 물론 그간 거시적인 담론과 미시적인 고민이 없었던 것은 아니다. 그러나 우리에게 확고한 비전이 제시된 적이 있는지, 이를 적극적으로 견인할 지침과 방법론이 개진되었는지 반성하게 된다. 이 글에서는 사전의 현재를 꼼꼼하게 살펴 우리에게 필요한 사전이 무엇인지, 그 사전에는 무엇이 담겨야 하는지, 그것을 가능하게 하는 시스템이나 방법은 무엇인지에 대해 고민하고자 한다. 우선 이미 도래한 디지털 사전 시대에 우리가 처한 사전의 편찬, 유통, 사용 환경을 살피고 기존과 다른 방식과 내용을 가진 새로운 사전을 살필 것이다. 주로 언어사전, 어휘사전을 다룰 것이나 필요한 경우 전문어 사전이나 백과사전도 포함할 것이다. 이 글의 최종 목표는 우리가 앞으로 맞이하게 될 세상에 어떤 사전이 있으면 좋겠는지를 생각해 보고[1] 그것을 가능하게 하려면 무엇이 뒷받침되어야 하는지 가늠하는 데 있다.

---

[1] 사전과 사전 편찬, 사전학의 현재와 미래에 대한 논의가 있어 왔다. 안의정 (2014), 배연경(2017) 등을 참고하기 바란다.

2. 사전 환경의 변화

이 장에서는 사전의 다면적 성격에 대해 살펴보고 사전이 오늘의 다양한 환경 변화를 어떻게 겪고 있는지 생각해 볼 것이다.

2.1. 사전의 성격

일반적으로 사전은 '책'이라는 제조물이다. 정보를 담아 인쇄하고 제본한 물품을 생산하고 서점에서 팔고 독자가 구매하는 과정을 거치는 소비재인 것이다. 편자나 저자가 기울인 물리적 또는 지적 노력에 따라 '책'의 규모나 양, 질이 결정된다.

사전은 전형적인 참조 텍스트이다. 일반 책과 달리 처음부터 끝까지 읽기 위한 만든 것이 아니라 모르는 것을 찾아 확인할 수 있게 고안된 텍스트이다.[2] 그래서 원하는 말을 쉽게 찾을 수 있도록 독특한 형식과 체제를 갖는다. 보통은 표제어로 시작하는 표제항으로 구성된다. 일련의 표제어에 관해 설명하는 항목들이 연달아 나열되는 구조를 띤다. 언어사전의 경우 발음, 어원, 문법, 의미, 용례 등이 제시된다. 전문어 사전이나 백과사전의 경우 특정 사항에 대한 해설이 제시된다. 사전의 성격에 따라 독자를 고려한 구성과 체제를 달리하기도 한다. 이러한 구성은 사전이 메타 텍스트라는 점을 보여 준다. 표제어를 설명 대상으로 삼아 그것에 대한 여러 속성을 일관된 방식으로 기술하기 때문이다. 언어사전은 어휘라는 언어 단위에 대해 전반적, 총체적인 언어 정보와 지식을 표현하게 된다.

사전은 규범적 텍스트이다. 독자들로 하여금 사전의 정보에 따라 이해

---

[2] 특히 부분적, 단편적, 일시적 선택에 따라 이루어지는 아주 독특한 독서 방식이 전제된다.

하고 표현하고 행동할 것을 요구한다. 예를 들어 사전 이용자들은 사전에 제시된 표기형을 보고 올바른 표기법을 익히게 된다. 사전은 이용자들이 어떤 언어적 행위를 할 때 사전의 내용에 따르도록 하는 규범의 역할을 하는 것이다. 이러한 특성으로 인해 사전은 일종의 교육적 텍스트가 된다. 독자에게 생길 수 있는 의문에 대해 필요한 정보를 제공하고, 독자의 언어 지식을 확장한다.

사전은 경험적 텍스트이다. 사전 편찬자에 의해 집필된 내용은 편찬자의 경험과 지식을 바탕으로 산출된 결과물이다. 그 속에는 편찬자가 속해 있는 조직과 집단의 사고와 문화가 투영되어 있다. 사전 속에는 편찬자가 표제어와 관련된 정보를 있는 그대로 기술하는 부분과 끊임없는 선택의 결과로 기술하는 부분이 공존하면서 편찬자가 속한 사회 고유의 문화와 이데올로기가 반영되기도 한다.

2.2. 사전 환경의 변화

2.2.1. 물성의 변화

이러한 사전이 갖는 텍스트로서의 성격은 예나 지금이나 다름이 없다. 그러나 최근의 사전은 전자 텍스트로 생산되고 유통되면서 전혀 다른 물성을 갖게 되었다. 그로 인해 사전은 새로운 특징을 가지게 되었다. 종이 책이라는 한계에서 벗어남으로써 양에 제한을 받지 않게 되었다. 표제어의 개수는 무한대로 늘어나도 무관하게 되어 사전의 거시 구조를 개방적으로 만들었다. 또한 컴퓨터 처리의 효율성을 위해 표제어에 대한 미시 항목을 분절화하였고, 각 정보 단위 간 독립성을 가지도록 설계하기도한다. 그리고 문자 정보 외 사진, 소리, 영상 정보 등 멀티미디어를 포함할 수 있게 되었다. 이 모든 정보가 다양한 디지털 시스템과 호환되고 연계되는 유연성을 갖고 있다. 특히 사전 내적 정보만이 아니라 사전 외적 정보와 하이퍼링크를 통해 연동되고 있다.

사전이 전자 텍스트로 물성이 바뀌면서 사전을 담는 그릇, 즉 매체도 변화시켰다. 1990년대에는 익히 사용해 오던 종이사전 외 시디롬 형태의 사전이 나왔다. 곧 전자 단말기에 내장된 전자사전이 크게 인기를 끌며 주로 외국어사전 이용자들의 애장품이 되었다. 하지만 2000년대 시작된 인터넷 서비스가 점점 확장되면서 PC를 통해 표제어를 검색하는 시대가 되었다. 2010년대를 전후로는 웹에 접속하여 다운로드를 받아 데스크톱이나 태블릿피시, 휴대폰 등 개인 단말기에서 사용하는 앱 사전도 유행하였다. 지금은 어떤 단말기든지 웹에 접속해서 사전을 검색하는 시절이 되었다. 우리가 현재 이용하고 있는 PC용 웹 사전이나 모바일용 웹 사전 모두 이러한 특징을 가지고 있다.

2.2.2. 온라인에서의 변화

전자 텍스트로서의 사전은 온라인 세상에서 소비되는 방식도 다변화하였다. 초창기 인터넷 사전은 종이책의 내용을 텍스트로 전환하여 표제어를 검색하는 방식으로 제공되었다. 기술의 발전과 더불어 다양한 검색 기능이 추가되고 하이퍼텍스트 기능이 부가되면서 멀티미디어 정보, 다른 텍스트와의 연결이 가능해졌다. 인터넷 기술과 사용 환경의 변화에 조응하면서 이용자 중심의 사전 서비스로 나아가게 되었다. 2008년 스마트폰이 세상에 나오면서 애플리케이션을 다운로드하여 사용하는 앱 사전의 시대로 들어서게 되었다.[3] 이러한 변화는 전자사전, 온라인사전 시장이 형성된 지 채 십 년도 되지 않아 일어났다. 지금은 다운로드형 앱 사전보다는 모바일용 웹 사전의 사용자가 점점 증가하고 있다. 우리나라에서

---

[3] 안드로이드 운영 체제를 탑재한 단말기용 콘텐츠 시장도 같은 해에 시작되었다. 국내 앱 마켓은 2009년에 오픈하였다.

는 포털사마다 모바일 버전 사전 서비스 개선에 관심을 기울이고 있다.

디지털 시대의 도래는 매체의 변화만 가져온 것이 아니다. 질 높은 각종 언어 정보와 언어 외적 정보의 수집과 집적이 가능해졌다. 정보량의 크기에 구애받지 않다 보니 신어와 미등재어를 지속적으로 등재하고 있으며[4] 어휘 역사 정보와 같은 심화된 지식정보를 추가하기도 한다.[5] 그뿐만 아니라 음성 정보를 재생할 수 있도록 하여 사전 이용자의 요구에 대응하고 있다. 그에 따라 이전에는 출판되지 못했던 분야의 사전도 등장하고[6] 지속적인 수정 보완이 이루어지고 있다.

2.2.3. 사전 편찬 환경의 변화

사전 편찬 시 아날로그 자원은 예나 지금이나 필요하다. 내가 만들고자 하는 사전과 메타데이터로 관련된 기존 사전이나 어휘집은 고전적 참조 자료이다. 반면 디지털 자원도 중요하다. 여러 기관에서 구축해서 공개한 각종 데이터베이스, 전자 텍스트 및 멀티미디어 등이 그러하다. 이러한 자원을 수집하고 정리해서 충분히 활용할 수 있어야 한다.

이전에는 표제어 당 하나의 카드를 마련한 뒤 일련번호를 기입하여 뜻풀이와 용례를 손으로 작성하면서 사전을 편찬하였다. 요즈음에는 이런 전통적인 방법으로 사전을 만들지 않는다. 컴퓨터 문서 작성 프로그램이나 엑셀, 액세스와 같은 데이터베이스 프로그램을 활용한다. 나아가 표제어의 목록과 집필 담당자, 집필 순서 등을 확인할 수 있는 표제어 관리기,

---

[4] 웬만한 신어와 유행어는 <우리말샘>에 등재되어 있다. 영어와 중국어의 경우도 네이버 오픈사전에 신어 정보가 나날이 업그레이드되고 있다.

[5] <우리말샘>에는 주요 표제어 5천 개에 대해 어휘 역사 정보를 수록하고 있어 시기별 형태 변화와 용법을 용례와 함께 확인할 수 있다.

[6] 현재 네이버와 다음에서 서비스되고 있는 외국어 사전의 수는 40종을 넘나들고 있으며 그 수는 점점 더 늘어날 전망이다.

직접 입력과 출력 및 검색 등이 가능한 사전 편집기, 코퍼스에서 표제어 용법을 확인할 수 있도록 도와주는 용례 검색기 등을 사용하는 편찬 팀들도 상당수에 이른다. 미디어위키와 같은 공용 편집기를 활용하는 경우도 있다.

사전 편찬 작업도 일방향 편찬 방식에서 쌍방향 편찬 방식으로 옮겨가고 있다. 이전에 사전은 편찬자의 목적과 의도에 따라 만들어지고 개정되었다. 간혹 이용자가 확인한 오탈자나 내용상의 오류가 편지나 엽서, 전화 등을 통해 편찬자에게 전달된다고 하더라도 즉시 수정되지는 못하였다. 편찬자는 상당 기간이 지나서야 수정판이나 개정판을 통해 이용자의 수정 요청 사항을 반영하게 되기 때문이다. 이렇듯 편찬자와 이용자 간이 소통이 일방향으로 이루어졌다. 최근에는 편찬자와 이용자 간의 소통이 전보다 훨씬 활발해졌다고 하겠다. 국립국어원의 <표준국어대사전>은 이용자의 수정 요청 사항을 심의하여 분기별로 수정 내용을 공개하고 있다.[7] 포털사에서는 고객센터를 통해 상시로 발생하는 사전 서비스에 대한 다양한 질문과 요구에 즉각적으로 대응하고 있다. 여전히 일방향이기는 하지만 상대적으로 요청과 응답의 간격이 이전보다 훨씬 빨라졌다.

한편, 위키백과를 비롯하여 포털사에서 운영하는 오픈사전은 편찬자와 이용자의 경계가 허물어졌다. 최초 집필자의 내용에 대해 다른 참여자가 편집을 하거나 댓글을 통해 의견을 개진하고 이를 반영하여 수정하는 피드백 과정이 이루어지도록 고안되어 있다. 2016년에 개통한 국립국어원의 <우리말샘>은 특정 전문가가 아닌 이용자 누구라도 집필에 참여할 수 있도록 하였다.[8] 웹상에서 글을 올리고 공유하는 문화가 널리 퍼진 덕분에 이용자 참여형 사전은 여전히 유지되고 진행되고 있다.[9]

---

[7] 2019년 3월 개편되면서 이 기능은 <우리말샘>으로 옮겨 갔다.
[8] 이 책의 1장을 참고하기 바란다.

2.2.4. 사전 유통 환경의 변화

보통 종이사전은 종이책의 유통망을 통해 독자의 품으로 가게 된다. 책은 소비재로서의 가치를 가진, 소유할 수 있는 물품이었기 때문이다. '**서림, **출판사' 등 이름만 대면 알 만한 사전 전문 출판사들은 이미 편찬실을 없앴거나 콘텐츠 유지 보수를 위한 최소한의 인원만 운영하고 있는 경우가 대부분이다. 사전이 전자 콘텐츠가 되면서 출판사를 통해 이용자에게 가는 것이 아니라 포털과 같은 플랫폼 업체를 통해 이용자에게 닿게 된다. 종이책 콘텐츠를 전자화하는 과도적 단계에서는 콘텐츠 가공 업체가 매개 역할을 하기도 하였으나 사전 애플리케이션 시장이 줄고 있는 지금은 그마저도 사라지는 추세이다. 웹에서도 모바일에서도 대부분 무료로 이용한다.[10] 물론 저작권자와 플랫폼 업체가 계약 관계를 이루고 있으나 최종 소비자인 사전 이용자는 사전을 위해서는 돈을 지불하지 않는 시대가 되었다. 사전 편찬을 도모하는 출판사를 지원하는 일에 관심을 기울여야 할 때다.

2.2.5. 사전 편찬 주체의 변화

앞에서 우리는 유통에 참여하던 출판사나 총판 등이 사라지고 콘텐츠 개발, 가공 및 웹 플랫폼 업체가 새롭게 등장하게 되었다는 점에 주목하였다. 또 하나의 변화는 편찬 주체가 다양하게 되었다는 점이다. 여전히 종이사전이 나오고 있기는 하지만 출판사의 편집부가 아니라 특정 분야의 전문가가 주도하여 출판하고 있다. 출판사 소속의 편집자가 줄어들고 사전 편찬에 참여하는 전문가, 연구자가 늘고 있다. 이러한 변화에는 정

---

[9] 최근 서비스를 시작한 네이버 '오픈사전 PRO'는 누구든지 자신의 사전을 편찬하면서 사전의 정보를 웹으로 공유할 수 있도록 지원하고 있다.

[10] 우리나라에서 유료로 사전을 이용해야 하는 웹사이트로는 ㈜낱말이 유일하지 않나 싶다. http://www.natmal.com/

부 기관이 이를 지원해 주고 있기 때문이기도 하다.[11]

이용 환경이 변화하면서 사전 이용자가 직접 편찬에 참여하는 일이 어렵지 않게 되었다. 다양한 사이트에서 사전 형식의 어휘 데이터가 생성되고 축적되고 공유되고 있다. 각 포털사의 오픈사전, 위키백과, 국립국어원의 <우리말샘>과 같은 사례가 있다.[12] 한편으로는 포털사가 직접 특정 분야의 전문가나 준전문가들이 사전 편찬에 참여할 수 있도록 하는 생태계를 형성하고 있다. 예를 들어 네이버에서는 2015년에 애니메이션 분야에 관심이 많은 일반인들이 직접 집필하고 의견을 개진할 수 있는 '참여백과' 서비스를 시작한 바 있다. 또한 관련 사전이 출판된 지 너무 오래되었거나 아예 사전이 없는 언어권 학습자를 위해 해당 언어 전문가가 직접 집필하도록 지원하고 있다. 유통 주체가 편찬 사업을 지원하기도 하는 것이다. 연구자 주도의 사전은 한국연구재단과 한국학중앙연구원을 중심으로 정부가 지원하고 있는 반면, 일반인 참여형 사전은 정부와 포털사가 지원하고 민간에서 자생하고 있다. 새로운 사전 편찬 지형을 형성해 가고 있다고 하겠다.

편찬 주체의 변화는 장단점을 가진다. 재원을 뒷받침하는 기관에서 필요한 사전 수요를 예측하고 지원한다면 우리는 새로운 사전, 더 나아진 사전을 만나게 될 것이다. 또한 포털사의 지원 아래 운영되는 사전 편찬팀은 웹 콘텐츠의 속성을 유지하기 위해 이용자의 요구나 불만에 대해 즉각적 대응이 가능하게 될 것이다. 반면, 출판사에서 경험과 역량을 쌓은 전문 편찬자가 설 곳이 없게 되었다. 특정 분야 나름의 사전 특성을

---

[11] 한국연구재단과 한국학중앙연구원에서는 전문 분야의 사전 편찬을 지원하는 사업을 지속하고 있다.

[12] 2018년 12월에는 네이버가 오픈사전 PRO라는 준전문가용 공용 편집기 서비스를 시작하였다. 사전을 만들고 싶은 개인이나 단체가 활용할 수 있는 오픈소스 편찬 시스템을 제공하고 있다.

파악하고 특유의 사전 편찬 기술을 축적해 온 전문 편찬자가 노하우를 전수할 공간이 사라졌다. 또한 정부가 지원하는 사전 편찬 사업은 사전을 편찬한 경험이 없는 연구자 중심으로 이루어지다 보니 갖가지 시행착오를 당연한 듯 겪어가며 사전을 만들고 있다. 이런 상황에서는 아무리 좋은 사전 아이디어라 하더라도 온전히 그 목표를 달성하기가 쉽지 않다. 과제가 종료되더라도 사전을 출판하기까지 어려움을 겪기도 한다. 사전 편찬 사업이 연속성을 가지고 진행하기 위해서는 여러 측면에서 지원이 필요하다.

3. 새로운 사전의 필요성과 가능성

사전의 앞날에 대한 고민은 어제오늘의 일이 아니다. 국내외의 사전학자, 편찬자, 웹 전문가들이 모두 사전이 사라지지 않을까에 대해 염려하고 있다. 지식정보의 바다에서 유영하며 더 넓은 웹 세상의 다채로운 삶을 누리며 살아가는 우리가 사전에 대해 암울해하는 이유는 무엇인가? 정철(2016)에서처럼 "검색이 사전을 삼키는" 시대가 되어서일 수도 있고 개신되지 않고 겨우 명맥을 유지하고 있는 오래된 사전에서 오는 비관 때문일 수도 있다. 사전을 둘러싼 다각적 환경 변화는 사전 편찬자의 인식을 바꿀 것을 요구하고 있다. 그래서 시대의 물결이 흘러가는 대로 따라가는 것이 아니라 지금 여기서 편찬자가 견지해야 하는 지향점에 대해 다시 생각해 봐야 하지 않나 싶다. 이전에는 편찬실이라는 좁은 공간에서 파묻혀 내가 목표하는 사전에만 천착했다면 이제는 조금 더 넓은 공간으로 나와서 또 다른 편찬자들과 함께 우리의 고민을 토로하고 이해하는 소통과 공유의 과정에 주목해야 할 필요가 있다. 서로가 그동안 쌓아온 경험과 노하우를 정리하여 서로를 위해 공유하는 것도 중요하다. 현재 상황에 마냥 휩쓸려 가기에는 사전이 인류에게 안겨준 가치가 크고 소중하기 때문이다. 그리고 전혀 새로운 세상이 도래하여도 사전이라는 존재는 필요하며 그래서 여전히 사전이 필요한 이용자를 위해 누군가는 지속적으로 편찬해야 한다는 당위가 동력이 되기도 한다.

이제 가장 고전적인 방법이자 가장 상식적인 입장에서 새로운 사전에 대해 얘기하고자 한다. 우선 기존 사전을 개신하는 것과 기존에 없었던 사전을 만드는 것이다. 오래되고 낡아 오늘의 시점으로 내용과 형식이 개신되어야 하는 사전이 있다. 사전이 존재하기는 하지만 사전의 구조나 내용 면에서 불완전한 사전도 종종 눈에 띈다. 한편, 사전 서가와 도서 목록을 샅샅이 살펴도 사전이 출간된 적이 없는 분야도 있다. 디지털 시대답게 문자에 한정된 사전이 아니라 분야 간·매체 간 융합하여 작성한 사전도 필요하다. 하나씩 살펴보자.

3.1. 개신해야 하는 사전

서가에 꽂혀 있는 사전 중에는 세월의 더께가 내려앉을 만큼 그 활용도가 거의 사라진 책들이 많다. 두툼한 국어사전부터 영한사전, 일한사전과 같은 언어사전도 있고 의학 용어 사전, 기계 용어 사전, 법률 용어 사전과 같은 전문 용어 사전 등 다양하다. 본디 학문 발전과 사회·문화의 변화에 따라 일상어도 바뀌고 전문 용어도 바뀐다. 지속적으로 생성되고 또 일부는 쇠퇴한다. 특히 전문 분야에서 통용되는 기술 용어는 해당 분야 지식의 표준 역할을 하기 때문에 신정보가 사전에 꾸준히 반영되어야 한다.

하지만 우리가 활용하고 있는 사전 중에는 수정보완과 개신의 과정을 거치지 못하고 있는 경우가 상당하다. 우리나라에서 출간된 모든 종류의 사전을 학문 연구 분야 분류체계에 따라 분류한 결과,[13] 분과학문별로 총

---

[13] 한국연구재단에서 분류한 학문 연구 분야 분류체계를 기준으로 하였다. 대분류,

152개 분야 중 138개 분야에서 사전이 출간되었다. 그중 단 1종만 출간된 사전의 연도를 살펴보았더니 1990년대에 나온 <연극학사전>(1999), 2000년대 초반에 나온 <통계학 해법 대사전>(2000), <자동제어용어사전>(2002) 등이 눈에 띈다. 인문학, 사회학, 공학 계열을 두루 확인할 수 있다. <연극학사전>의 경우 번역된 사전으로서, 국내 연구자들이 집필한 사전은 없는 실정이다.

3.2. 아직도 없는 사전

개화기부터 2017년까지 출간된 사전 분야를 학문분야 분류체계에 따라 분류해 본 결과, 18개 분과 학문 분야에서는 사전이 출간된 바가 없는 것으로 확인된다. 생화학, 인지 과학, 기타자연과학, 기타공학 분야와 내과학, 소아과학, 일반외과학 등 의학의 하위 분과인 것으로 나타났다. 실제로 소분류를 기준으로 살피면 역시 주요 하위 분야에서 사전이 부재한 영역이 상당하리라 예상된다. 여전히 만들어야 하는 사전이 있다는 점을 확인할 수 있다.

언어사전만 하더라도 그 필요성과 중요성을 지속적으로 언급하였지만, 여전히 편찬된 적이 없는 사전이 상당하다. 우리말의 경우 품사별로 구성된 부문 사전은 <우리말 부사사전>, <조사어미사전>, <형용사사전>, <국어 동사구문 사전> 등 일부만 출간되었다. 그것 역시 해당 품사의 어휘 정보를 낱낱이 체계적으로 밝혀 주지 못하고 목록 수준으로 제시된 경우도 있다. 실제 의미상, 화용상 다양한 용법으로 쓰이는 대명사나 감탄사 사전 등이 없다. 용언의 경우 문형 중심의 동사 사전이 있고 목록만 있는 형용사 사전이 출간된 바 있다. 아울러 우리말의 특징인 교착적 성격을

중분류, 소분류, 세분류 등 4개 단계로 구성되어 있으며 각각 8개, 152개, 1551개, 2468개로 나누었다. 이중 중분류를 분과학문에 해당한다고 보아 기준으로 삼았다.

드러내는 용언 활용형 사전은 없다.

우리나라에는 아직도 시기별 고어사전이 나오지 못하고 있다. <이조어사전>과 <고어사전>, 한글학회의 <우리말 큰사전>의 '옛말·이두 편' 등은 15~16세기 우리말 사전이다. 1995년에 17세기 우리말 자원을 기초로 편찬된 <17세기 국어사전>은 이후 18세기 사전, 19세기 사전을 기약하였으나 아직 이루지 못하고 있다. 우리의 국어사전 편찬이 대부분 20세기에 이루어졌기 때문에 근대 언어에 대한 사전 기술이 시급하다고 하겠다. 그래야 훈민정음 이래의 어휘 역사 사전, 즉 통시 사전을 계획할 수 있다. 어휘 역사를 주된 정보로 제시한 국어사전은 그래서 아주 요원하다. 선결 요건인 18세기, 19세기 사전을 서두를 필요가 있다.

웹을 통한 검색 기능이 사전의 기능을 일부 담당하고 있는 지금, 사람들은 이전보다 훨씬 더 자주 사전 정보를 찾고 있다. 이는 외국어 학습이나 어려운 말, 어원 등을 넘어서서 다양한 분야의 지식과 정보를 확인하고 있다. 이를 통해 더 세분화되고 다양한 분야로 들어가는 창구 역할을 한다. 이런 점에서 사전은 좀더 개성적이고 특수한 분야의 어휘 정보를 집약한 사전도 필요하다. 우리의 언어문화가 갖는 스펙트럼을 사전에 반영하는 것이다. 게임 용어 사전, 온라인 쇼핑문화 사전, 공연문화 사전, 팬덤 사전 등 새로운 문화를 표현하고 이해하는 데 필요한 어휘 저장고 역할을 해내는 사전도 나올 때가 되지 않았나 한다.

3.3. 기존 자원을 활용한 사전

개화기부터 최근까지 국내에서 출간된 사전의 수는 만여 종에 이른다. 이들 사전은 그간 우리의 학문과 과학 기술 발전을 견인해 온 역할을 했다. 이미 시대가 바뀌고 환경이 바뀌어 현재의 시점에서 개신되거나 수정·보완되어야 하는 부분도 많지만, 불변의 사실과 정보를 가지고 있는 부분도 상당하다. 이를 고려할 필요가 있다.

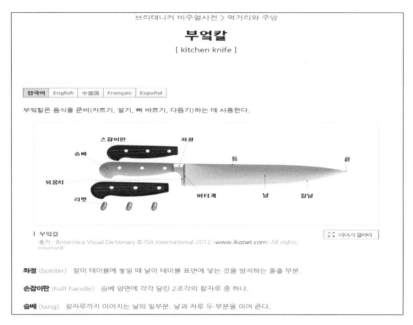

[그림 1] 브리태니커 비주얼사전

특정 사물에 관한 구체적인 명칭을 체계적, 구조적으로 기술하는 사전
은 여전히 부족하다. 다양한 이칭, 별칭뿐만 아니라 부분의 명칭, 통칭,
총칭 등을 제시하고 언어적 의미뿐만 아니라 다양한 사실 정보를 확인할
수 있는 사전이 필요하다. 기존 사전 콘텐츠를 활용한 예로 네이버에서
서비스되고 있는 '비주얼백과'가 있다. 특정 사물의 세부 명칭이나 하위
유형을 이미지로 보여 주고 있다. 섬세하게 그려진 세밀화가 해상도 높은
모니터에 구현되면서 대상의 실제를 쉽게 이해할 수 있도록 하고 있다.[14]

....

[14] 저본은 브리태니커 비주얼사전(Britannica Visual Dictionary)으로, 현재 약 11,800
   항목을 서비스하고 있다.

담고 있는 내용을 화살표를 통해 부분의 이름을 제시하거나 하위 유형별 이미지와 명칭을 제시하고 있다. 연동 사전을 확대하여 다양한 수준의 정보로 제공할 수 있도록 하는 방법이 있다.

이러한 사전은 앞으로 무궁무진하게 나올 가능성이 크다. 전문가가 아니더라도 각자가 오랫동안 관심과 애정을 가지고 모으고 다듬어 온 분야가 있고 그 안에는 수많은 어휘 지식과 정보가 내재하기 때문이다. 예를 들면 그릇이나 필기구, 자동차 등 수많은 아이템들이 물명 사전의 후보가 된다. 기존에 나와 있는 사전이나 어휘집을 활용하여 좀더 풍성한 물명 사전이 될 것이다. 특기와 취미를 살려 사전화할 수 있는 계기를 마련할 필요가 있다.

3.4. 기록을 위한 사전

사전이 규범적이고 교육적 텍스트이다 보니 보통은 일반적이고 보편적인 어휘나 표현을 담게 된다. 표준적이고 정제된 언어를 구사하고 이해하기 위한 도구의 가치는 분명하다. 반면, 언중의 실제 언어는 늘 개성 넘치며 다양하며 변종과 변이형이 넘쳐난다. 이들 중에는 끈끈한 생명력을 가지고 쓰이는 말도 있으나 생산과 유통이 저조하여 사회 문화 속에서 밀려나는 분야나 영역의 말은 쓸쓸히 소멸해 간다. 이러한 말들은 적극적으로 조사, 수집하여 기록하는 일이 시급하다. 표준적이고 정제된 언어만 쓰이는 것이 아니라는 점을 인정한다면, 복잡다단한 언어의 생태계를 풍요롭게 유지될 수 있도록 최소의 노력이 이루어져야 한다.

우선 일반어와 보편어에 비해 개별적이고 한정적인 쓰임을 가지는 변이형이 그 대상이다. 변이형은 특정한 시공간이나 계층 등에 한정되는 사용역(register)을 가지는데, 우리말 사전 중에 비속어 사전이나 변말사전, 신어사전 등이 이에 속한다. 빠르게 변화하는 시대만큼 시시각각으로 변화하는 변이형들을 조사, 수집해서 사전으로 갈무리해야 할 것이다. 비속어 사전의 경우 이미 과거와 현재가 달라졌고 사용 양상이 온라인, 오프라인의 특성을 오가며 스펙트럼이 넓어졌다. 이들을 정리하는 일 역시 필요하다.

마찬가지로 지역 방언 화자의 언어를 기술하고 기록하는 사전은 여전히 부족한 상태이다. 홍종선·도원영(2009)에서 방언의 가치를 제대로 인정하는 사전이 필요하다고 주장한 바 있으나 여전히 답보 상태인 건 사실이다. 아직도 방언 용례를 수록한 국어사전은 출간되지 못하였다. 겨레의 말이 표준어 굴레에서 벗어날 수 있도록 사전 편찬자와 지원자의 노력이 필요하다. 표준어와의 뉘앙스 차이를 밝혀 의미를 세밀하게 풀고 해당 의미의 용례를 찾아 실어야 할 것이다.[15]

한편, 사라져 가는 생활어를 채록하여 이를 실은 사전이 필요하다. 전통적인 은어 부류인 시장상인의 언어, 전통문화 부문의 하위 영역을 이루는 문화 어휘들도 채록, 정리하여 사전으로 만들 필요가 있다. 2008년 국립국어원에서는 민족생활어를 음식, 세시 풍속, 옹기, 가구, 어업, 민속주, 대장간, 무속, 건축, 광업 등의 다양한 분야로 나누어 채록하였다. 여전히 기술되지 못한 영역과 분야도 빠짐없이 조사 사업을 통해 정리하여 사전으로 간행하거나 어휘 데이터베이스로 구축해야 할 것이다.

3.5. 소외된 이를 위한 사전

사전 편찬사의 주요한 근간은 특정한 이용자를 위한 사전이었다. 낯선 언어를 습득해야 하는 이들을 위해 외국어 학습사전이 등장한 것이 사전

---

[15] 그뿐만 아니라 방언 화자의 발화를 채록하여 음성 정보를 제공하는 것도 가능한 일이다. 이미 음성 인식을 통한 범죄 수사 활용 방법론에서 지역 방언 화자의 표준 음성을 설정하는 연구가 이루어지고 있다(신지영 외 2015).

의 편찬을 주도한 이유이다. 모어 화자나 외국어 화자, 특정 분야에 입문하려는 초보자를 위한 사전은 동서고금을 막론하고 다양한 사전 형식으로 출간되었다. 이제는 지금까지 주목하지 못했던 이용자를 위한 사전에 관심을 두어야 할 때가 되었다.

3.5.1. 청각 장애인을 위한 영상 사전

현재 국립국어원에서 편찬한 <한국수어사전>은 특수 언어사전이다. '수화 언어'를 줄인 말인 '수어'를 농인의 모어로 보고 이들의 한국어 학습을 돕기 위한 사전이 2016년에 개통되었다. 한국어에 대응하는 수어 정보를 제시하여 농인의 한국어 학습에 도움에 주게 되었다. 하지만 한국어 중심의 검색 방식은 일반인, 즉 한국어 모어 화자나 한국어 문해력이 높은 농인 이용자에게 적합하다. 후자라 하더라도 의미를 모르는 수어를 찾을 방법이 없기 때문에 개선의 여지를 가지고 있었다. 현재는 이런 문제가 개선되어 한국수어의 손 모양 즉, 수형으로 검색할 수 있는 기능을 추가하여 서비스 중이다. 수어의 형태와 움직임을 분석하여 손 모양과 손의 위치, 한 손을 쓰는지, 양손을 쓰는지, 그리고 같은 모양인지 다른 모양인지를 변별하여 이를 조합하는 방식으로 원하는 단어를 찾을 수 있도록 한 것이다.

그렇다고 하더라도 현재 <한국수어사전>은 한국어-한국수어 사전의 형식을 갖고 한국어 문해력이 높은 농인을 위한 한국어 이해용 사전이라고 할 수 있다. 순수하게 농인의 수어 학습사전, 농인의 모어 사전은 아니다. 향후 한국수어가 출발어로 구성된 한국수어사전 편찬이 도모되어야 할 것이다.[16]

---

16 국립국어원에서는 장기 계획으로 한국수어를 표제어로 하는 <한국수어-한국어 사전> 편찬 계획을 수립하고 향후 추진하기 위한 노정을 시작한 바 있다.

3.5.2. 시각 장애인을 위한 소리사전

전자사전의 시대에 들어오면서 멀티미디어를 활용하는 사전이 증가하는 추세이다. 그중 두드러진 미시 정보가 발음인데, 외국어 학습사전뿐만 아니라 국어사전에도 추가되고 있다. 즉, 한글 자모나 국제 음성 기호로 표시된 발음 정보에 덧붙어 모어 화자의 음성 정보를 재생할 수 있게 되어 있다. 국어사전의 경우 모든 표제어에 덧붙는 게 아니라 일부 표제어에만 제공되고 있다. 왜냐하면 음성 정보를 보조적인 정보로 보기 때문이다. 하지만 시각 장애인에게 소리 정보는 보조적인 정보가 아니라 필수 정보가 된다. 현재 <표준국어대사전>이나 <고려대 한국어대사전>에 제시된 표제어의 발음이나 용례의 발음 정보로는 턱없이 부족하다. 사전 본문에 기록된 내용을 모두 소리로 들을 수 있어야 제대로 된 '소리사전'이 될 것이다. 노석은·도원영·박미경(2014)에서 대만의 초등국어사전 중에 '발음' 정보만이 아니라 표제어의 풀이 내용 전체를 읽은 사전을 소개한 바 있다. 시각 장애가 있는 이용자에게는 뜻풀이도 소리로 들을 수 있어야 할 뿐만 아니라 돋보기 정보와 같은 부가 정보까지 제공되어야 할 것이다.[17]

이러한 필요성에 동의한다면 향후 소리사전은 어떤 구조가 적절할지, 이용자를 고려하여 어떤 기능이 필요한지, 실제로 어떤 음성으로 들려줄 것인지 등에 대한 세부 논의를 해야 할 것이다.

3.5.3. 실버 세대를 위한 사전

종이사전은 특정한 크기의 활자로 구성된 인쇄 텍스트이다. 시각적으로 고정되어 있기 때문에 노인이나 시각 장애가 있는 이용자에게는 일정한 한계를 가진다. 노령층 이용자는 '돋보기'의 도움을 받을 수밖에 없었

---

[17] 음성 정보에 대해서는 이 책의 4장을 참고하기 바란다.

다. 폰트 크기에 관해서는 이미 이미지 확대 기능이 일반화되었기 때문에 이러한 불편이 상당 부분 해소되었다. 하지만 여전히 난독증이 있거나 문식력이 떨어지는 사람들이 접근할 수 있는 사전은 부재하다. 이제 자동 소리 전환형 사전을 고민해야 하지 않나 생각한다. 발화자의 육성으로 또는 합성음으로 제공될 수 있을 것이다. 어떤 형식이건 이용자가 원하면 사전 내용을 읽어 줄 수 있는 사전도 필요하다.

3.6. 융복합형 사전

언어 사전이건 전문어 사전이건 하나의 분야를 주로 파고드는 사전이 있는가 하면 이질적인 요소를 조합하여 새로운 지식정보를 생산해 내는 사전도 있다. 특히 디지털 시대를 맞이한 사전의 경우 이러한 융복합적 시도를 한 경우가 많다. 해당 분야가 아닌 다른 영역의 지식과 정보를 제시할 수 있다.

3.6.1. 분야 간 결합 사전

<백석 시의 물명고-백석 시어 분류 사전>(2015)가 훌륭한 예가 된다. 이 사전은 시인 백석의 시 속에 담긴 어휘를 선별한 문학어 사전이다. 평북 방언의 수가 상당하여 그에 따른 방언 의미와 그 말맛을 충실히 기록하고 있다. 그뿐만 아니라 표제어에 담긴 평북 지역의 자연과 지리, 민속문화가 어우러져 기술되어 있다. 또한 자연 지명과 행정 지명 등을 나타내는 지도까지 추가된 사전이다. 가장 두드러진 특징은 의미 분류 체계를 별도로 설정하고 그에 따라 표제어를 배열한 분류 사전이라는 점이다. 이는 백석 시에 대한 이해를 높이는 시어 이해용 사전일 뿐만 아니라 의미 범주에 따라 표제어를 찾을 수 있는 표현용 사전의 기능도 함께 가지고 있다. 더불어 자연 지리 정보가 추가된 융합적 특성을 가지고 있어

기존의 시어 사전이나 소설어 사전에서 보인 '뜻풀이-인용례 제시'라는 단편적 구조를 극복하면서도 융합 사전의 새로운 모형을 제시하였다. 종이사전으로 출간되었지만, 디지털화한다면 시어에 대한 지리 정보, 민속 정보, 문화 정보가 하이퍼텍스트 기능으로 멀티미디어 정보와 결합될 수 있다. 이는 사전 안에서만 갇힌 시어가 아니라 현장과 연계된 새로운 인문 지식의 역할을 하게 된다.

3.6.2. 매체 간 결합 사전

특정 자료를 살피기 위한 참조 텍스트로서의 기능을 극대화하는 방법 중 하나는 원전 자료와 사전을 결합하는 것이다. 예를 들어 고도서나 고문서의 원문과 번역문, 그리고 현대역을 연동하는 방법이다. 각 텍스트에 나타나는 용어를 상호 연결하게 되면 시대별 어휘 대응뿐만 아니라 변화 과정을 확인할 수 있게 된다. 예를 들어 <17세기 국어대사전>에 실린 인용례와 원본 자료, 그리고 현대어로 번역한 문장을 하이퍼링크를 통해 곧바로 확인할 수 있도록 설계할 수 있다. 원문과 번역문, 그리고 사전이 상호 결합된다면 그만큼 이용자의 만족도는 높아지게 된다.

이를 위해서는 원문 자료에 대한 아카이빙(archiving), 원문 입력과 현대역 자료를 전산화하는 디지타이징(digitizing) 단계를 거쳐야 한다. 그런 후에 이용자의 요구에 맞춰 다양한 사전과의 링크를 도입하는 큐레이션(quration)이 가능하게 된다. 하지만 대부분의 원본 자료는 아카이빙 단계에 있으며 일부 자원들이 디지털화하는 과정에 있다. 원문 텍스트를 언어사전이나 용어사전과 결합하는 일은 현재의 데이터 처리 기술로 충분히 가능한 일이다.

3.6.3. 사전의 사전

한 권의 사전으로 모르는 말도 찾고 적절한 표현을 알아내는 시절이 있었다. 영어사전이 헤질 때까지 들고 다녔던 기억을 공유하고 있는 기성세대에겐 웹을 통해 접근 가능한 대량의 어휘 정보는 축복처럼 보였다. 그러나 정보 과잉의 시대를 살면서 과도한 사전 정보 역시 잉여를 낳았고 지적 피로감을 유발하는 원인이 되고 있다. 구글에서 '세종'을 검색하면 4천만 건이 출력된다. 얼마 전까지만 해도 국내 포털에서 '세종'을 검색하면 사전 정보로 등재된 것이 20여 건에 이르렀다. 내가 궁금했던 정보를 찾기 위해서는 인내를 가지고 하나하나 훑는 일을 해내야 한다. 이러한 이용자의 불편함을 해소하기 위해 최근 네이버에서는 '학생 백과'와 '어린이 백과'가 분리되어 학령에 맞는 내용을 따로 볼 수 있도록 편집하여 서비스하고 있다.[18] 그럼에도 불구하고 여전히 이용자가 원하는 최적의 정보를 쉽게 찾기는 어렵다.

이제는 다면적인 층위에서 사전 정보를 구분해서 제공하는 새로운 기능이 추가될 필요가 있다. 이는 두 가지 측면에서 접근할 수 있다. 첫째, 해당 사전의 서지적 정보와 학문 분야 분류상의 정보를 기반으로 평가 내용을 반영한 결과를 제시하는 일이다. 바로 사전의 지도를 제작함으로써 가능하다. 편찬된 사전에 대한 서지 정보와 분류 정보, 평가 정보가 탑재된 데이터베이스를 구축한다면 충분히 이루어질 수 있다. 모든 사전의 사전학적 특징이 네트워크화되면 이용자들은 자신이 정확하게 목적하는 사전 정보를 쉽게 얻을 수 있다. 둘째, 사전 이용자의 검색 패턴과 선호 분야를 분석하여 우선순위에 따라 결과를 배열해 주는 일이다.[19] 이

---

[18] 네이버의 지식백과가 그러하다. 네이버와 다음 모두 출처명을 제시해 주고 있어 이용자에게는 고무적인 일이다.

[19] 이 책의 2장에서는 영어사전에 나타나는 새로운 경향으로 다루고 있다. 바로 이용자 적응형 사전이 이러한 기능을 이미 수행하고 있다고 지적하고 있다. 2장

용자에 적응하는 지능형 사전이 갖추어야 할 기능이다.

3.6.4. 온오프 사전

종이사전의 출판이 점점 줄어들고 전자사전 편찬 시스템으로 옮겨가는 때라 새로운 방식의 사전 출판과 유통을 고민해야 한다. 그중 하나가 온오프 사전이라고 할 수 있다. 온오프 사전은 디지털 사전 편찬 시스템으로 집필된 후 온라인 사전으로 서비스하면서 필요한 경우 피디에프 등으로 다운로드하여 종이책으로 출판할 수 있는 양용 사전을 말한다. 서비스 방식과 비용에 관한 정책은 다양하게 설정될 수 있다. 온라인상에서는 무료 서비스를 실시하고 다운로드 후 오프라인의 활용에 대해서는 유료로 책정할 수 있게 하거나 온오프라인 서비스 모두 유료 또는 무료로 운영할 수 있다. Kim(2016)에서는 이러한 시도를 네이버 인도네시아-영어 사전에 적용하고 있다고 밝히고 있다. 국내에서도 이러한 방식이 전혀 불가능해 보이지 않는다. 다양한 전문 용어 사전의 경우 온라인과 오프라인 사전 활용을 고려할 필요가 있다.

4. 맺음말 - 사전 편찬 생태계 복원을 위한 선결 조건

새로운 사전 프레임에 대한 논의해야 할 때

디지털 환경에서 사전을 사용한 지가 이미 십수 년이 지났다. 한 해가 다르게 우리의 디지털 기술과 향유 방식이 바뀌어 가고 있는 상황이다. 아날로그 시대의 상징인 종이책이 그래도 여전히 살아남을 것이란 희망과는 달리 종이사전은 이제 과거를 반추하는 추억의 산물이 되어 가고 있다. 반면 웹 환경에서도 이용자의 사랑을 받고 있는 사전들이 여전히

을 참고하기 바란다.

존재하며, 형식과 내용을 달리해 가며 적응하고 있다는 점을 앞에서 살펴보았다. 다만 이 시대의 속도에 맞춰 사전이 수동적으로 끌려만 갈 것이 아니라 전혀 새로운 사전적 실험을 통해 새로운 시공간을 만들어가는 노력도 필요해 보인다. 그러기 위해서는 낯설고 어색해 보이는 실험적 시도, 학문적 모색이 필요하다.

범용의 사전 편찬 시스템이 마련되어야

현재 국어사전 편찬 기관으로는 국립국어원과 겨레말큰사전사업회, 고려대학교 민족문화연구원, 연세대학교 언어정보개발원 등 국가 기관과 대학 연구소 몇 곳에 제한되어 있다. 이 기관들은 자체의 디지털 사전 편찬 시스템을 갖추고 사전 편찬 자원부터 최종 원고 관리 및 출력까지 가능한 도구를 활용하고 있다. 하지만 사전을 편찬하고자 하는 여타의 기관이나 전공자들에게는 디지털 사전 편찬 시스템을 갖추는 일이 여전히 어려운 일이다. 이미 수년 전부터 언급한 바 있지만, 조금 앞선 기관이나 단체가 머리를 맞대고 새로운 사전 편찬을 준비하고 기획하고 시도하는 이들을 위해 나름의 노력을 할 필요가 있다. 적어도 사전 편찬을 시도할 수 있는 최소한의 편집 기능을 갖춘 편찬 도구 하나쯤 우리 사회가 마련할 때가 되지 않았나 한다. 아무리 새로운 실험을 하려고 해도 멍석이 깔려 있어야 재주를 시험해 볼 수 있는 것이다. 사전 편집기, 용례 검색기, 원고 관리기 등을 보유한 기관들이 범용의 사전 구조를 고민하고 최대한의 유연성을 가진 편집기를 개발하고 개방할 수 있도록 걸음을 떼어야 할 때다.[20]

....

[20] 네이버가 최근 서비스하고 있는 오픈사전 PRO는 이언어사전을 돕는 편집기라서 전문 용어사전이나 백과사전을 편찬하고 싶은 이용자에게는 한계가 있다.

재정 지원은 필수이다

사전 편찬 작업과 같이 장기적으로 이루어지는 일은 재원 마련이 가장 중요하다. 우리 국민이 <표준국어대사전>이라는 규범 대사전을 가지게 된 것은 국가의 든든한 지원 덕분이었다. 초기에 기획된 편찬 사업을 무리 없이 진행하기 위해서는 재정적 문제가 뒷받침되어야 한다는 점을 명백히 보여준 사례이다. <고려대 한국어대사전>의 경우는 그와 사정이 달랐다. <고려대 한국어대사전>을 완성하는 데에 17년이 걸린 것은 대학 연구소가 자체 예산으로 편찬 비용을 충당해야 했기 때문이다. 안정적으로 개정 작업을 진행하거나 또 새로운 사전을 기획, 편찬, 제작하기 위해서는 편찬 예산이 확보, 지원되어야 하는 것이다. 하지만 국가적 지원은 언제나 한정된 자원으로 소기의 성과를 거두어야 하므로 가능성과 역량을 가진 팀을 고루 지원하기는 어렵다. 그런 점에서 기업의 지원도 필요하다. 사전 전문 출판사의 몰락과 사전의 공공재화에 대해 원인과 책임을 묻는 여론이 조성된 적도 있다. 우리의 말과 글에 담긴 언어 지식과 문화 지식을 기록하고 관리하며, 계승하고 공유, 확산시키기 위해 여러 기관과 기업의 지원은 한때의 유행이 아니라 항상 뒷받침되어야 한다. 지식자원이 다양하게 생산되고 유통되는 환경이 지속되어야 사전 생태계가 건강하게 유지 발전할 것이다.

사전 편찬 인력 풀을 확보해야

단어의 뜻과 용례를 제시하는 일은 누구나 할 수 있는 시대가 되었지만, 사전을 제대로 만드는 일은 아무나 할 수 있는 게 아니다. 특히 정교하게 기획되고 전문적인 내용을 다룰수록 그러하다. 처음부터 사전 편찬에 큰 뜻을 두고 시작하는 이들은 극히 드물다. 특정 분야에서 오래 공부하고 연구하다 보니 사전의 부재와 부족을 절감하고 직접 편찬하게 되거나 이러저러한 계기로 편찬 작업에 동참하면서 사전에 눈을 뜨고 집필과 교열, 교정 작업에 수년 동안 전념하는 이가 대부분이다. 또한 정부 지원을 받아 한정된 기간 안에서 해당 분야의 어휘 데이터베이스를 구축하고 편찬 작업의 일부 과정에라도 직접 경험한 이들도 상당수다. 모두 우리나라의 어휘 지식정보 구축 사업을 주도하고 실행하며 향후 과업을 기획할 만한 소중한 존재이다.

사전 편찬에만 투신하는 인력이 점점 감소하는 추세이기 때문에 기존의 편찬 인력에 대한 정보를 수집, 관리할 필요가 크다. 얼마 있지 않아 컴퓨터가 표제어를 뽑고 기존의 자원에서 정의문과 용례를 가지고 온다고 하더라도 그것이 가진 정확성과 적절성을 결정하는 데에는 전문가의 경험과 연륜이 필요하다. 오히려 컴퓨터가 가공한 1차 자료를 편찬자가 판단하고 재편집하는 시대를 위해서라도 사전 편찬 인력을 확보하고 한편으로는 키우는 일은 현재 진행형이어야 하며 미래에도 그러하지 않나 싶다. 그러기 위해서는 유관 단체가 협력하여 인적 풀을 만들어가는 일을 지금이라도 시작해야 할 것이다.

참고 문헌

김현(2013), 「디지털 인문학-인문학과 문화콘텐츠의 상생 구도에 대한 구상-」, 『인문콘텐츠』 29.

도원영·노석은·박미경(2014), 「학습자를 위한 국어사전 음원화 작업에 관한 연구-<고려대 한국어대사전>을 중심으로」, 『한국어학』 62.

배연경(2017), 「해외 온라인 사전의 현재와 미래」, 『한국사전학회 전국학술대회 발표자료집』 2017(2).

백욱인(2013), 「디지털 데이터·정보·지식」, 커뮤니케이션북스.

신지영 외(2015), 「한국인 표준 음성 DB 구축」, 『말소리와 음성 과학』 7(1).

소강춘(2016), 「한국어 정보화의 현황과 과제」, 『언어사실과 관점』 36.

안의정(2014), 「디지털 인문학 시대의 사전 편찬-전자사전 편찬의 연구 동향에 대하여-」, 『한국사전학』 24.

유현경·남길임(2009), 『한국어사전편찬학 개론』, 역락.

이동철(2013), 「한국에서 한문 번역 관련 공구서의 현황과 과제」, 『한국학 사전 편찬의 현황』, 지식과교양.

이승재(2012), 「21세기형 사전 <개방형 한국어 지식 대사전>」, 『한국사전학』 20.

장경식(2012), 「대중 매체 시대의 백과사전: '교육'의 효용에 대한 새로운 인식」, 『한국사전학회 학술대회 발표논문집』.

정철(2013), 「내가 만들고 싶은 웹 사전」, 『한국학 사전 편찬 방법론의 모색』, 지식과 교양.

정철(2016), 『검색, 사전을 삼키다』, 사계절.

허재영(2011), 「국어사에서 근대 계몽기의 설정과 사전 편찬의 필요성」, 『한국사전학』 17.

홍재성·전성기·김현권(1989), 『불어학개론』, 한국방송통신대학.

홍종선·도원영(2009), 「<고려대 한국어대사전> 편찬 사업과 향후 과제」, 『<고려대 한국어대사전>과 사전학』, 지식과교양.

홍종선·최호철 외(2009), 『국어사전학 개론』, 제이앤씨.

황용운(2014), 「앱 사전의 특징 및 검색 방식 분석-영어 사전을 중심으로-」, 『한국사전학』 24.

참고 사전

고려대 민족문화연구원(2009), <고려대 한국어대사전>, 고려대 민연출판부.

고형진(2015), <백석 시의 물명고-백석 시어 분류 사전>, 고려대 출판문화원.

국립국어원(2019), <표준국어대사전>. http://stdweb2.korean.go.kr

국립국어원(2019), <한국수어사전>. http://sldict.korean.go.kr

국립국어원(2019), <한국어기초사전>. http://krdic.korean.go.kr

네이버(2019), <비주얼백과>. https://terms.naver.com/list.nhn?cid=48677&

    categoryId=48677

네이버(2015), <애니메이션 참여백과>.

    http://terms.naver.com/list.nhn?cid=55626&categoryId=55626

연세대 언어정보연구원(1998), <연세 한국어사전>, 두산동아.

전경욱(2014), <한국전통연희사전>, 민속원.

‖ 찾아보기 ‖

ㄱ

감수 ················· 15, 35, 37
개방형 ····················· 2, 3, 38
개방형 사전 ············ 50, 51, 53
개방형 인터페이스 규격 ········· 5
개인화의 욕구 ···················· 88
거시 구조 ·········· 10, 36, 144
거짓들 ························· 80
검색 기능 ····················· 13
검색창 ························· 13
경험적 텍스트 ···················· 144
고려대 한국어대사전 ········· 104,
    120, 158
고어사전 ······················· 153
관련어 ···················· 10, 11
관리자 기능 ···················· 13
교육과 참조 ····················· 78
교육적 텍스트 ···················· 144
구성주의 ······················· 82
구성주의적 관점 ················· 82
구조적인 지식 ···················· 83
국가 교육 과정 ·················· 82
국민 참여형 ····················· 2
국제 표준 기구 ·················· 5
규범적 텍스트 ···················· 143
근대 계몽주의 ···················· 77
기술 사전 ······················· 2

ㄷ

다의어 ···················· 4, 5
다층적 구조화 ···················· 92

단편적인 지식 ··············· 82
데이비드 와인버거   78, 80, 86, 100
데이터 ························· 80
동영상 ························· 133
동철어 ························· 5
동형어 번호 ····················· 4
드니 디드로 ····················· 77
디지타이징 ····················· 160
디지털 자원 ····················· 146
뜻풀이 ·· 5, 6, 10, 11, 15, 16, 18

ㄹ

리그베다 위키 ···················· 79

ㅁ

『말과 사물』 ···················· 77
말뭉치 ·············· 1, 8, 10, 26
맥루헌 ························· 88
멀티미디어 ····················· 91
메타 데이터 ····················· 59
메타 데이터 마크업 ··············· 48
메타 지식 ······················· 87
메타 텍스트 ····················· 143
모바일 ························· 91
문제 발견 ······················· 82
문형 정보 ······················· 22
물명 사전 ······················· 155
미등재어 ········· 8, 10, 34, 35, 37
『미디어의 이해』 ················· 88
미셸 푸코 ······················· 77
미시 구조 ········ 2, 10, 20, 33, 36

민족문화대백과사전 ················ 96

ㅂ

바칼로레아 ··························· 76
발음 기호 ·························· 117
발음 정보 ······················ 5, 15
백과사전 ······ 72, 73, 75, 76, 77
백과사전적 정보 ···················· 78
백과사전형 구조 ···················· 79
백과사전형 지식 서비스 ········ 71,
　　77, 83, 87, 92, 97, 100, 101
『백과전서』 ························· 77
변이형 ····························· 155
보르헤스 ···························· 77
북한어 ······························· 4
분류 체계 ·························· 34
『브리태니커 백과사전』 ·········· 77
비선형 구조 ······ 86, 96, 97, 100
비선형적 구조 ················ 83, 89
비선형적 웹사이트 구조 ········· 83
비판적 사고 ························ 82
빅 데이터 ·························· 88

ㅅ

사물 인터넷 ························ 91
사용역 ····························· 155
사용자 기능 ························ 13
사용자 맞춤형 사전 ·············· 55
사용자 적응형 ················ 61, 63
사용자 지정형 ··········· 61, 62, 63
사용자 참여 ························ 92
사용자 환경 ························ 91
사용자의 효용 ··········· 74, 75, 86
사전 비평 ························· 101
사전 이용자 ······················ 149

사전 편찬 ····················· 74, 75
사전 편찬 로봇 ··············· 46, 47
사전 편찬학 ················· 73, 74
사전의 지도 ······················ 161
사전학 ······················· 73, 75
삽화 ······························· 106
상세 검색 기능 ···················· 13
생활 용어 ······················· 3, 34
선언적 지식 ························ 81
세종 말뭉치 ························ 10
센스 ····················· 4, 5, 10, 32
센스 단위 ·························· 32
센스 번호 ·························· 16
수용자 ····························· 78
시각 요소 ·························· 88
시각 정보 ·························· 105
시디롬 사전 ······················ 141
신 분류 체계 ······················ 34
신어 ····· 2, 4, 10, 27, 28, 32, 34
신어 추출기 ··················· 10, 27
실시간 검색 리스트 ··············· 85

ㅇ

아날로그 자원 ···················· 146
아름다움 ······················ 76, 77
아름다움에 대한 보편적 기준 · 76
아카이빙 ··························· 160
암묵지 ····························· 81
앱 사전 ···························· 145
어깨번호 ····························· 5
어휘 생명 주기 ················· 4, 28
어휘 지도 ······ 10, 13, 16, 17, 30
어휘 지도 편집기 ·················· 30
어휘사 정보 ························ 22
엘엠에프(LMF) ····················· 5

엘오디(LOD) ················· 5
역순 검색 ················· 57
연관어 ················· 10
예술 ················· 76
옛말 ················· 4
요하임 모르 ················· 85
용례 ··········· 4, 5, 10, 11, 15,
　　16, 26, 27, 28
우측 핵구조 ············· 57, 59
원어 ················· 5, 15
웹 백과사전의 가능한 모형 ·· 86
웹 사전 ··········· 103, 141
위키백과 ················· 2
위키피디아 ················· 79
유사 백과사전 ········· 73, 83, 85
유의미한 지식 ················· 80
유희 ················· 79
유희로서의 지식 ················· 92
음향 ················· 129
의미론적 기억 ················· 81
이매뉴얼 월러스틴 ················· 85
이미지 ················· 105
이용자 참여형 사전 ············· 147
인간의 확장 ················· 88
인공지능 ················· 91
인쇄 사전 ········· 1, 3, 8, 32
인지 과학 ················· 81
인지적 지식 체계 ················· 82
일치 검색 ················· 6
일화적 기억 ················· 81

ㅈ ———

자동 소리 전환형 사전 ········ 159
자동화 ········· 44, 45, 47, 48
자모순 배열 ················· 59

전문 분야 ············· 4, 15, 28, 38
전문 분야 분석 · 추천 시스템 ····
　　··················· 4, 28
전문 용어 ·········· 2, 3, 4, 10, 34
전문용어 ················· 34
전자 텍스트 ················· 145
전자사전 ················· 141
전자수첩 ················· 103
절차적 지식 ············· 81, 82
조건적 지식 ················· 82
종이사전 ················· 148
좌측 핵구조 ············· 57, 59
주제별 배열 ················· 59
지텍스(GDEX) ················· 45
지식 ··········· 75, 76, 77, 80,
　　81, 82, 84, 89
지식익 네트워크 ············· 82, 86
지식의 본질 ················· 78
지식의 불확실성 ················· 86
지식의 위상 ················· 78
지역어 ················· 2, 3, 4
진정한 지식 ············· 85, 86
집단 지성 ········· 3, 73, 79, 85

ㅊ ———

참조 텍스트 ················· 141, 143
참조 항목 ················· 95
창조적 사고 ················· 82
청각 정보 ················· 117
체계화된 지식 ················· 82
7차 교육 과정 ················· 82

ㅋ ———

콘텐츠 애그리게이터 ········ 57, 65
큐레이션 ················· 160

큐레이션 서비스 ····················· 88

ㅌ ———
통시 사전 ······························· 153

ㅍ ———
폐쇄형 ·································· 35
포스트모더니즘 ····················· 83
포함 검색 ······························· 5
표제 항목 ······························· 4
표제어 ··········· 5, 8, 10, 11, 18
표제항 ······························· 5, 32

표준국어대사전 ····················· 2, 8

ㅎ ———
하이퍼텍스트 구조 ················· 82
한국수어사전 ······················· 135
협동을 통한 자기 주도적
    해결 학습 ····················· 82
협업적 사전 ························· 54
협업적 사전 편찬 ················· 50
형식지 ································ 81
형태소 분석 ·························· 6
효용의 파편화 ····················· 87

고려대학교 민족문화연구원 사전과 언어학 총서·07

디지털 시대의 사전

1판 1쇄 발행 2019년 9월 2일

지은이 | 김선철·도원영·배연경·장경식·장선우·노석은·조지연
펴낸이 | 김진수
펴낸곳 | 한국문화사
등 록 | 제1994-9호
주 소 | 서울특별시 성동구 광나루로 130 서울숲 IT캐슬 1310호
전 화 | 02-464-7708
팩 스 | 02-499-0846
이메일 | hkm7708@hanmail.net
웹사이트 | www.hankookmunhwasa.co.kr

ISBN 978-89-6817-511-4 93700

· 이 저서는 고려대학교 민족문화연구원의 지원을 받아 출판되었음.